Mⁱˢ DE BOISGELIN

LES

THOMAS

MARQUIS DE LA GARDE

BARONS DE Sᵗᵉ-MARGUERITE, &ᶜ

GÉNÉALOGIE

AIX
Achille MAKAIRE
LIBRAIRE
2, rue Thiers

DRAGUIGNAN
C. ET A. LATIL
IMPRIMEURS
Esplanade-de-la-Ville, 4

1896

Mᶦˢ DE BOISGELIN

LES

THOMAS

MARQUIS DE LA GARDE

BARONS DE Sᵗᵉ-MARGUERITE, &ᶜ

GÉNÉALOGIE

AIX
Achille MAKAIRE
LIBRAIRE
2, rue Thiers

DRAGUIGNAN
C. ET A. LATIL
IMPRIMEURS
Esplanade-de-la-Ville, 4

1896

Extrait du Bulletin de la *Société d'études scientifiques
et archéologiques de la ville de Draguignan,*
tome **XX,** années 1894-1895

THOMAS

MARQUIS DE LA GARDE-LÈS-GRASSE (1)

BARONS DE Sᵗᵉ-MARGUERITE (2)

SEIGNEURS DE BAUDOUVIN (anciennement BAUDOIN) (3), BEAULIEU (4), BEAUVAIS (5), CARQUEIRANE (6), CAUSSOLS (7), CHATEAU-NEUF (8), CHATEAUNEUF-LE-ROUGE (9), CIPIÈRES (10), L'ESCAILLON (11), EVENOS (12), GANDELET (13), LA GARDE-

---

(1) (Viguerie de Sᵗ-Paul-les-Vence, paroisse de Villeneuve-lez-Vence), Alpes-Maritimes, canton de Cagnes, commune de Villeneuve-Loubet.

(2) (Vig. et dioc. de Toulon). Var, canton ouest d. Toulon, commune de la Garde.

(3) (Vig. de Toulon), Var, canton ouest de Toulon, commune de la Valette.

(4) (Vig. d'Aix), B.-du-Rhône, canton de Lambesc, commune de Rognes.

(5) (Vig. d'Hyères, arrière-fief de Pierrefeu), Var, canton de Cuers, commune de Pierrefeu.

(6) (Vig. d'Hyères, succursale de la paroisse d'Hyères), Var, commune et canton d'Hyères.

(7) (Vig. de Grasse), Alpes-Maritimes, canton du Bar.

(8) Membre de la baronnie de Sᵗᵉ-Marguerite.

(9) (Vig. d'Aix), B.-du-Rhône, canton de Trets.

(10) (Vig. de Grasse), Alpes-Maritimes, canton de Coursegoules.

(11) (Vig. de Toulon), Var, au territoire de Toulon.

(12) (Vig. d'Aix, dioc. de Toulon), Var, canton d'Ollioules.

(13) *(Alias Gaudelet)*, ancien fief, aujourd'hui en partie dans la commune de Villeneuve-Loubet, en partie dans celle de la Colle, canton de Cagnes, arrondissement de Grasse.

LEZ-TOULON (1), LA GARDE-LEZ-VENCE (2), GIGNAC (3),
LOUBET (4), MILHAUD (5), MOURILLON (6), NÉOULES (7),
ORVES (8), LA PENNE (9), PIERREFEU (10), LE REVEST (11),
ROQUEFURE (12), RUSTREL (12), St-MARTIN-DE-PALLIÈRES
(13), St-PIERRE (9), LE VAL-DARDENNE (14), LA VALETTE (15),
VILLENEUVE (4), ETC...

Armes : *écartelé de gueules et d'azur à une croix d'or fleuronnée au pied fiché brochant
sur le tout ;*

    La branche de Néoules portait par concession : d'azur au croissant d'or.

Cimier . *deux bras armés sortant du timbre et dont les mains jointes soutiennent une
croix semblable à celle de l'écu.*

Devise : *à tort on me blâme* (16).

(1) (Vig. de Toulon), Var, canton ouest de Toulon.

(2) (Vig. de Grasse), Alpes-Maritimes, arrond. de Grasse, canton de Vence, commune
de Villeneuve-Loubet.

(3) (Vig. d'Apt), Vaucluse, canton d'Apt.

(4) (Vig. de St-Paul-lez-Vence, dioc. de Vence), commune de Villeneuve-Loubet, canton
de Cagnes, Alpes-Maritimes.

(5) Située dans le fond de la petite rade de Toulon, près de la Goubran.

(6) A Toulon.

(7) (Vig. de Brignoles), Var, canton de la Roquebrussanne.

(8) Membre de la seigneurie d'Evenos.

(9) Arrière-fief de Pierrefeu.

(10) (Vig. d'Hyères), Var, canton de Cuers.

(11) (Vig. de Toulon), Var, canton ouest de Toulon.

(12) (Vig. d'Apt), Vaucluse, canton d'Apt.

(13) (Vig. de St-Maximin), Var, canton de Barjols.

(14) Près Toulon.

(15) (Vig. de Toulon), Var, canton ouest de Toulon.

(16) L'*Armorial général* de Rietstap (2e éd., II, 906), qui ne cite jamais les sources où il
puise, attribue à la branche des sgrs de la Valette cette autre devise : *Godefridus mihi
dedit.* Le c^{te} de Panisse, dans son bel ouvrage : *Villeneuve-Loubet et ses Seigneurs*, la

« La famille du nom de THOMAS, dit Barcilon (1), a sa noblesse de Jean THOMAS, secrétaire du roi René et son maître rational, s^r de Néoules ; Antoine de THOMAS, son fils (2), fut pourvu des mêmes charges ; celui-ci fut encore homme d'épée. Il se signala en l'un et en l'autre. Le roi René lui donna le commandement de deux galères qu'il arma en l'an 1457. Il combatit les ennemis de son prince et il les défit. Il fut ensuite envoyé ambassadeur vers le Roi de Castille qui l'honora de son ordre royal de Chevalier de Castille, ordre qui lui fut confirmé à son retour par le roi René et par Charles d'ANJOU, son successeur. Les descendants de celui-ci ont fait treize branches, dont on en trouve plusieurs suivant les actes dans les registres de Toulon et des lieux circonvoisins, qui sont déchus de leur noblesse. Elles ont été décrites indifféremment p   auteur du *Nobiliaire* (3), qui les a toutes suivies sans parler de leurs déchéances, qui, véritablement, leur étant venues par infortune et par un effet ordinaire de la vicissitude des choses humaines, ne font pas tort à leur noblesse de race ; les dérogeances ne préjudiciant pas à ceux qui, en rétablissant leurs affaires par fonctions viles et par arts mécaniques, ont repris leur qualité. *N...* de THOMAS, m^{is} de Villeneuve, conseiller au Parlement d'Aix, fils d'Auguste de

---

mentionne (p. 75) dans ces termes : *Godefredus mihi apicem dedit*, comme l'expression d'une tradition de famille ; et l'on trouve la forme : *Godefredus apicem mihi dedit*, à la dédicace au m^{is} de la Garde, placée en tête du *Recueil d'arrêts notables*, de Bonnet, 1737.

(1; Critique (manuscrite) du *Nobiliaire* de l'abbé Robert.

(2) Lisez son frère.

(3) L'abbé Robert.

THOMAS, président à mortier, est (1) le chef de toute cette nombreuse famille ».

Le Père Guesnay, jésuite, cite dans ses *Annales ecclésiastiques de la ville de Marseille*, un Charles THOMAS, gouverneur de la Tour de Toulon, en 1096. Ce fait est rappelé dans les jugements de noblesse obtenus par la famille THOMAS ; mais aucune branche ne cherche à se rattacher par preuves à ce Charles. Les nobiliaires de Provence ne remontent pas non plus au delà de Jacques THOMAS, secrétaire du roi René. Moréri seul a donné une filiation depuis ce Charles THOMAS, en 1096, sans l'appuyer d'aucune preuve (2). Une autre filiation, aussi fantaisiste, est indiquée dans les lettres d'érection du marquisat de la Garde (3). Évidemment ce sont là des fictions ; nous donnons pourtant ci-après, comme curiosité, la généalogie dressée par Moréri, en avertissant que tout ce qui précède le degré X, de Jacques, notaire apostolique et impérial, nous paraît complètement apocryphe.

I. Charles THOMAS, chevalier, général des armées de Gilbert, cte de Provence, reçut de ce prince, le 2 oct. 1096, différentes

(1) Vers 1780.

(2) Joseph Bonnet, en dédiant à Henri THOMAS, mis de la Garde, son protecteur, le *Recueil d'arrêts*, qu'il fit paraître en 1737, fait même descendre cette famille de Thomas, le plus jeune fils de Ramir I, roi d'ARAGON. Ferdinand, fils de ce Thomas, serait venu s'établir en Provence, aurait adopté le nom de THOMAS comme propre à sa famille et serait le père de Charles, premier degré de la généalogie dressée par Moréri.

(3) Ces lettres donnent à Charles, vivant en 1096, un fils, Alexandre, arrière-grand-père d'un Philippe, qui aurait été lui-même père de Marc-Antoine (tous noms inventés), père de Pierre, véritable trisaïeul d'Auguste THOMAS, créé marquis de la Garde.

terres et le gouvernement de Toulon, en récompense de ses services et, le 4 nov. suiv., le gouvernement général de la province par terre et par mer. Il était à la 1re croisade et fut tué, vers 1119, en défendant Toulon qui, après sa mort, fut pris et saccagé par le Roi de Tunis. Il avait épousé N... des vtes de MARSEILLE ;

d'où : 1. Jean, dont l'article suit ;

2. Bertrand, qui se retira en Aragon.

II. Jean THOMAS, chevalier, succéda à la plus grande partie des emplois de son père, se signala à la tête des troupes du cte de Provence et fut envoyé, par ce dernier, à la cour de l'empereur Frédéric I pour soutenir ses prétentions contre le cte de FORCALQUIER. Il avait épousé Sibylle, nièce du cte Raymond ;

d'où : 1. Scipion, dont l'article suit ;

2. Jacques, moine, puis évêque de Sienne.

III. Scipion THOMAS, chevalier, s'appliqua à l'agrandissement de Toulon. Il avait ép. Christine de MASSAU ;

d'où : Vincent, dont l'article suit.

.I. Vincent THOMAS, chevalier, ép. Hélène de CASENEUVE ;

d'où : Louis, dont l'article suit.

V. Louis THOMAS, chevalier, fit achever les murailles de Toulon et fut envoyé en ambassade auprès du pape Grégoire IX, en 1227. Il avait ép. N... de VINTIMILLE ;

d'où : Bernard, dont l'article suit.

VI. Bernard THOMAS, fut envoyé par son prince contre les gentilshommes qui avaient usurpé le comté de Vintimille et repoussa de devant Toulon une armée de sarrasins, vers 1270. Il avait ép. *N*... d'AGOULT ;

d'où : Honoré, dont l'article suit.

VII. Honoré THOMAS, obtint l'abolition du droit de péage pour la ville de Toulon. Il avait ép. *N*... GRIMALDY ;

d'où : Gaspard, dont l'article suit.

VIII. Gaspard THOMAS, fit faire, en 1353, à Toulon, la translation des corps des ss. Honoré et Alphonse. Il avait ép. *N*... de BLACAS ;

d'où : 1. Jean, sans postérité ;

2. Louis, dont l'article suit.

IX. Louis THOMAS, obtint, en 1389, de nouveaux privilèges pour Toulon et fit confirmer ceux de la franchise de la marine. Il avait ép. *N*... de SABRAN ;

d'où : Jacques, dont l'article suit.

X. Jacques THOMAS (1), clerc du diocèse de Paris, reçut, le 13 oct. 1413 (2), des lettres patentes données, à Florence, par

(1) C'est à ce degré que commence la généalogie véritable des THOMAS, appuyée sur titres, et qui évidemment n'a aucun rapport avec ce qui précède. C'est aussi à partir de ce Jacques THOMAS que les membres de cette famille paraissent dans les archives de Toulon. On trouve, en effet, dans l'inventaire de ces archives dressé avec tant de soin par M. Oct. Teissier : Jean Thomas, not. en 1432 (p. 33) ; Jacques, syndic en 1433 (p. 35) ; Antoine, député auprès du Roi, en 1415 (p. 44), et conseiller de la ville, en 1451 (p. 47) ; Bertrand, envoyé à Aix, en 1460 (p. 51), etc., etc...

(2) Bibl. Nation., cabinet des titres. Cette indication ainsi que plusieurs autres employées en cette généalogie nous ont été fournies par M. Ernest de Rozière, inépuisable dans sa complaisance à communiquer les nombreuses notes qu'il a eu la patience de recueillir sur les familles de Provence. Nous devons ajouter ici qu'il croit pouvoir induire de ces notes

Pierre d'ARAGON, en vertu du droit concédé par f. Wenceslas, empereur des Romains et roi de Bohème, l'instituant not. public apostolique et impérial et l'autorisant à créer douze notaires publics et à légitimer douze bâtards mâles ou femelles. En vertu de ces pouvoirs, et dès le 1er déc. suiv. (1), il légitima et créa notaire Antoine THOMAS, né d'un *homme marié* et d'une *fille libre;* fut syndic de Toulon, en 1433, et mourut avant le 3 fév. 1450 (2). Il avait ép. Laurence BERNARD (3) ;

d'où : 1. Jean, sgr de Néoules, né à Toulon, not. impérial, acheta la terre de Néoules(4); fut reçu, le 2 avril 1462, secrétaire

que Jacques THOMAS avait un frère, Antoine, tige des THOMAS, dits de St-Laurent, actuellement encore existants au Comtat Venaissin ; mais cela ne nous paraît aucunement certain. Nous devons aussi des remerciments à M. le bᵒⁿ du ROURE pour diverses communications, extraites de ses riches archives.

(1) *Idem.*

(2) Acte rapporté plus loin à l'art. d'Antoine THOMAS.

(3) Moreri, poursuivant ses énonciations fantaisistes, dit qu'il épousa une demoiselle de CASTELLANE.

(4) Achard *(Dictionnaire géographique*, II, 171), cite les NEVELONG, principaux fondateurs du monastère de la Celle, comme les plus anciens seigneurs de Néoules. Ce nom de NEVELONG ne serait-il pas une corruption du nom de Néoules lui-même? On trouve qu'Honoré de NÉOULES épousa, vers 1390, Rixende des VICOMTES, sgrs d'Esparron-de-Pallières (Cottez, *Esparron-de-Pallières*, 76).

Quoi qu'il en soit, cette seigneurie était dans le domaine des comtes de Provence lorsqu'elle fut cédée, le 27 août 1257, par Charles I à Benoît d'ALIGNAN, évêque de Marseille, avec plusieurs autres, en échange de la portion de seigneurie que ledit évêque avait encore dans sa ville épiscopale (Belsunce, *Histoire des évêques de Marseille*, II, 208) Le 7 fév. 1315, l'évêque de Marseille échangea avec le sieur du PUGET, la moitié de la terre et juridiction de Néoules, limitrophe du Puget, contre la terre et juridiction de Châteauvieux. Cet échange fut ratifié le 20 janv. 1366 (François d'Estabulée, not. à Marseille).

Jean du PUGET était sgr de Néoules, en 1420, et les RICARD l'étaient aussi au milieu du XVIᵉ siècle.

du Roi, maitre rational, archivaire en la Cour des Comptes de Provence (1); fit son test., le 29 juin 1478 (2), dans lequel il nomme son père, sa mère, sa femme, élit sa sépulture à Aix dans l'église des FF. Augustins, en la chapelle de St-Thomas, apôtre, dans la tombe qu'il y avait fait construire ; lègue à sa fille naturelle Honorade, à son frère Antoine, à son frère germain Bertrand, et institue héritiers, pour une moitié, Antonet et Honoradet, ses petits-fils, enfants de f. Jacques, son fils ainé, époux d'Antoinette *Codolesse* (CODOUL), et pour l'autre moitié, son autre petit-fils Honoré, enfant d'Antoine et de Marguerite de BRIGNOLES, substituant aux enfants de Jacques, leur sœur Catherine, et à ceux d'Antoine, leurs sœurs Yolande et Antoinette *(alias* Isabeau), puis, à celles-ci, ses propres frères, Antoine et Bertrand ;

D'un autre côté, Jean THOMAS, secrétaire du roi René, acheta, vers 1460, une partie de cette seigneurie. Sa petite-fille Yolande en porta, en dot, à la famille BLANCARD, une portion qui vint, en 1602, à François d'ARCUSSIA, époux de Louise BLANCARD. Antoinette, sœur d'Yolande, porta l'autre partie de ce que les THOMAS possédaient à Néoules, à la famille RABIOL, d'où elle est venue, par alliance, à la famille EMERARD.

Quant à la moitié restée, en 1315, à l'évêque de Marseille, elle fut vendue, en 1657, à André ALLARD, de la ville de Brignoles, pour le prix de 10.500 l. qui furent employées à la reconstruction du palais épiscopal de Marseille (Belsunce, *loc. cit*, III, 449). La famille ALLARD possédait encore cette coseigneurie à la fin du XVIIIe siècle.

(1 Arch. B.-du-Rhône.

(2, Jean Guiran, not. à Aix, 255 (reg. de Haitze, bibl. Méjanes à Aix, *Extrait des notaires d'Aix*). L'analyse de ce test., faite par de Haitze, ne concorde pas exactement avec le livre de raison de François BLANCARD, conservé parmi les papiers des ARCUSSIA aux arch. du château d'Esparron-de-Pailières, appartenant actuellement à M. de SINÉTY.

reçut, le 21 avril 1480 (1), des lettres de noblesse (2), en récompense des services qu'il avait rendus au Roi, ainsi que son père et son frère Antoine, par lesquelles on voit qu'il avait été fait prisonnier et s'était racheté de ses propres deniers (3) ; requit, le 1er oct. 1491, avec son gendre, Jean PORRETTI, de Nicolas MARINI, not. à Toulon, une expédition de l'acte de renonciation à tous les biens paternels et maternels passé par sa petite-fille Catherine, femme de discret homme Pierre GARNIER. Il Il avait ép. Barthélemie SIGNIER ;

d'où : A. Jacques, esgr de Néoules, mourut avant son père. Il avait ép. Antoinette *Codolesse* (CODOUL);

d'où : *a.* Antonnet ;

b. Catherine, renonça à tous les biens paternels et maternels. Elle avait ép. Pierre GARNIER ;

B. Antoine, esgr de Néoules, mourut avant son père. Il avait ép. Marguerite de BRIGNOLES (4) *(probab.)*, fille d'Honoré, esgr de Gaubert ;

d'où : *a.* Honoré, esgr de Néoules, fit son test. (5) en faveur de ses sœurs avec des legs

(1) Arch. B.-du-Rhône, B, 18 (reg. *Aquila*), f° 209 v°.

(2) Enregistrées au greffe des maîtres rationaux le 28 juil. suiv. Ce document suffirait pour détruire toute illustre généalogie antérieure.

(3) Les armes concédées dans ces lettres étaient : *d'azur au croissant d'or*. Antoine, son frère bâtard, n'osa probablement pas prendre ces armes. Il s'en attribua d'autres que ses descendants conservèrent.

(4) Moreri la dit nièce de Palamède FORBIN de Solliès, mais n'explique pas comment.

(5) Esprit Pelhade, not.

à sa femme et mourut en 1575 (1). Il
avait ép. Marthe de VILLAGES, fille de
N..., sgr de Bernis, en Languedoc.
S. P. ;

b. Yolande, ép. Antoine BLANCARD, de la
ville de Marseille ;

c. Isabeau *(alias* Antoinette), ép. Pierre
ROBIOL, de la ville d'Hyères ;

Jean THOMAS eut en outre une fille naturelle :

Honorade, nommée au test. de son père. Elle
avait ép. Jean PORRETI ;

2. Gilibert, archid. de Toulon, prieur de Montrieux ;

3. Bertrand, reçut donation de ses frères Gilibert et
Antoine, le 10 déc. 1445 (2), à l'occasion de son mariage.
Il avait ép. Marguerite FRESQUETI, fille de Jean ;

Jacques, eut en outre un fils naturel légitimé :

Antoine, dont l'article suit.

XI. Antoine THOMAS, légitimé, le 1er déc. 1413, comme il est
dit ci-dessus ; syndic de Toulon, en 1431, 1448, 1452, etc.; passa
quittance, le 19 avril 1439 (3), de 75 florins, dot de sa femme
Catherine GARNIER *(alias* GARIN) ; conduisit deux galères à la
guerre d'Italie, en 1438, et en présenta une neuve au Roi, à
Tarascon, le 15 juin 1441 (4) ; était bailli et capitaine de Toulon,

---

(1) La Chenaye dit à tort : 1478.

(2) Louis Girard, not.

(3) Pierre Garini, not. à Toulon.

(4) Bibl. Nation., cabinet des titres.

le 15 juin 1442 (1) ; est qualifié secrétaire, familier et fidèle ami
de S. M. dans les lettres du 20 déc. 1442 (1), par lesquelles le roi
René le nomme, pour un an, viguier et capit. d'Hyères ; fonda,
la même année, à Toulon, dans la rue *Trabuqui*, une chapelle
dite de l'*Annonciade*, ainsi qu'il résulte de l'acte du 3 fév. 1450 (2);
fut, député vers le Roi par la ville de Toulon, en 1445 (3), envoyé
en mission auprès du Roi de Castille et en reçut le brevet de
chevalier de son ordre, en mars 1444 (1) ; fut nommé châtelain
et capit. de la forteresse de Toulon, sa vie durant, par lettres du
9 juil. 1445 (1); reçut, le 10 nov. 1450 (1), commission du g^d
sénéchal de Provence de poursuivre les pirates et écumeurs de
mer ; fit son test., le 9 août 1452 (4), dans lequel il nomme son
père, lègue à sa femme Catherine, à ses trois filles légitimes et
à sa fille naturelle, et institue pour héritier son fils Jean, lui
substituant ses trois filles et à celles-ci ses propres trois frères,
Jean, Gilibert et Bertrand; autorisa, le 30 avril 1479 (5), sa 2º
femme, Isabelle Robiol, à accorder un bail en amphitéose
perpétuelle à Jean Signer, de Toulon; reçut, par lettres du 28
sept. suiv. (1), exemption de toutes tailles et autres charges, en
considération de ses services, avec permission de prendre tous
les ans, dans les greniers du Roi, 8 quintaux de sel pour la
provision de sa maison, sa vie durant, et mourut vers 1480. Il
avait ép., en 1re noces, antérieurement au 19 avril 1439, Catherine

(1) Bibl. Nation., cabinet des titres.

(2) Guillaume Tscilis et Bertrand Thomas, not. à Toulon (Bibl. Nation., cabinet des titres).

(3) Arch. de Toulon, BB, 11.

(4) Geoffroy Raimondis, not. à Toulon (Bibl. Nation., cabinet des titres).

(5) Nicolas Marin, not. à Toulon (Bibl. Nation., cabinet des titres).

GARNIER *(alias* GARIN*)* (1), fille d'Antoine ; et, en 2es noces, antérieurement au 30 avril 1479, Isabelle ROBIOL (2), fille de Foulque et d'Alayonne LANTELME ;

d'où : du 1er lit,

1. Jean, dont l'article suit ;
2. Andrinette, nommée au test. de son père du 9 août 1452 ;
3. Silotte,   id.
4. Amédée,   id.
5. Milonne, *probabl.* née après le 9 août 1452, puisqu'elle n'est pas nommée au test. de son père, eut 30 fl. de dot et 100 liv. de trousseau ; renonça, le 31 mai 1511 (3), moyennant sa dot reçue, à tous ses droits successifs, en faveur de ses neveux, Antoine, Louis et Pierre THOMAS. Elle avait ép., suiv. contrat du 21 fév. 1482 (4), Philippe FANTE, du lieu de Villefranche, fils de Jean ;

Antoine THOMAS, eut une fille naturelle :

Huguette, née vers 1449.

XII. Jean THOMAS, avait à Toulon une maison et une chapelle dite de l'Annonciade, à la rue des Marchands, et plusieurs autres maisons ; reçut de son beau-père, Laurent JULIANIS, donation

----

(1) Elle légua aux chanoines de Toulon, 30 fl. qui leur furent payés par Jean THOMAS, son fils et héritier, le 14 sept. 1492 (Bernard Isnard et Nicolas Marini, not. à Toulon, Bibl. Nation., cabinet des titres).

(2) Fit son test. le 10 mai 1511 (Gauteri, not. à Aix), par lequel elle institue pour héritiers les FF. Prêcheurs et lègue à son frère Jean.

(3) Antoine de Borli, not. à Villefranche, dioc. de Nice (Bibl. Nation., cabinet des titres).

(4) Raimond de Cuers, not. à Toulon.

d'une maison à Toulon, le 11 fév. 1475 (1) ; fut viguier, bailli et clavaire de Toulon, après son père ; reçut, ainsi que sa femme et leurs enfants, participation aux prières des Chartreux par délibération du chapitre général de ces religieux du 6 mars 1482 (2), en considération des services qu'il leur avait rendus, et mourut intestat en 1499. Il avait ép. Antoinette JULIANIS (3), fille de Laurent et de Gassène *(alias* Anne) SIGNIER ;

d'où : 1. Louis, partagea, le 12 mai 1501 (4), avec ses frères, les biens de leur père commun ; passa transaction, le 6 nov. 1504 (5), ainsi que son frère Antoine, avec François et Jean JULIANIS, leurs oncles, du lieu d'Ollioules, au sujet de la dot de leur mère ; syndic de Toulon, en 1514, mourut intestat. Il avait ép., à Aix, vers 1508 (6), Genèbre REGIS (7), fille de f. Pierre et de f. Odile JOANNIS ;

d'où : Jean, légataire de son oncle Pierre THOMAS, au test. du 6 mars 1546 ;

2. Pierre, dont l'article suit ;

(1) Louis Girardi, not.

(2) Bibl. Nation., cabinet des titres.

(3) Elle fit un 1er test. le 24 sept. (ou nov.) 1473 (Pierre Fournier, not.), par lequel elle lègue 50 fl. à chacune de ses trois filles, institue pour héritiers ses fils, leur substitue ses filles et à celles-ci son père, puis sa mère ; et un 2e test., le 13 juin 1499, étant veuve, par lequel elle confirme ses précédentes dispositions, et lègue à sa fille Catherine, religieuse.

(4) Jean Deidier, not. à Toulon.

(5) Decittane, not. à Aix (Bibl. Nation., cabinet des titres).

(6) Acte Imbert Borilli, not. à Aix (registre de Baitre à la Bibl. Méjanes à Aix, f° 49).

(7) Veuve de Hugues Bussin.

3. Antoine (1), licencié ès-lois, syndic de Toulon, en 1490,
fut, en cette qualité, présent aux états de Provence
assemblés à St-Maximin ; fit un 1er test., le 30 sept.
1498 (2), par lequel il lègue 100 fl. à sa mère, 100 fl. à
sa sœur Douce, institue pour héritiers Louis et Pierre
THOMAS, ses frères, et leur substitue Antoine THOMAS,
csgr de Néoules, son cousin, et un 2e test., le 3 sept.
1530 (3). Il avait ép., à Aix, Isabelle GANHONE (4) ;
On ne lui connaît qu'un fils naturel :

    Gaspard, père de :

        Sébastienne, eut un legs au test. de Pierre THOMAS
        de Ste-Marguerite, son gd-oncle, du 6 mars 1546 ;

4. Catherine, religieuse au monastère de la Celle ;
5. Douce, légataire de sa mère, ép. Jean ROBIOL (5), fils de
Foulque et d'Alayonne LANTELME ;
6. Honorée, légataire de sa mère.

XIII. Pierre THOMAS, sgr de Châteauneuf-Ste-Marguerite,
csgr d'Evenos, etc., né vers 1474 ; partagea, avec ses frères, les
biens de leur père commun, le 12 mai 1501 (6), et eut dans sa

(1) Artefeuil dit faussement (III, 339), que cet Antoine fut habiter à Avignon et devint la
tige des THOMAS de St-Laurent.

(2) Jean Deidier, not. à Toulon.

(3) Hugues Portalis, not. à Toulon. Son neveu, Antoine THOMAS, en requit une expédition
le 13 sept. 1560.

(4) Reconnaissance de sa dot, le 3 mars 1501 (Imbert Borilli, not. à Aix. R. de Haitze, 114).

(5) Il fit son test., le 4 juin 1509, où il se dit licencié ès-droits, à Toulon, et cons. du
Roi, nomme sa femme, f. son frère, Pierre Robiol, primicier de la cathédrale de Toulon,
et se dit père de Jean, Bérenger, Pierre et Delphine, cette dernière future religieuse.

(6) Jugement de noblesse du 9 mars 1669.

part la maison et la chapelle de l'Annonciade ; premier consul de
Toulon, en 1523 et 1536 ; acheta, les 29 nov. 1526 (1) et 7 nov.
1527 (2), de Gaspar de CASTELLANE d'Entrecasteaux, la terre de
Châteauneuf-Ste-Marguerite (3), au prix de 500 écus d'or, et en
prêta hommage, le 1er mars 1529 (4) ; fut nommé viguier de
Toulon par lettres données à Blois, le 14 mars 1529 (5), et prêta
serment en cette qualité devant la Cour des Comptes, le 9 avril
1530 ; prêta hommage de nouveau pour Châteauneuf-Ste-Marguerite, le 3 juin 1530 (5) ; trésorier de la ville de Toulon, en
1534 ; consul de la même ville, en 1536 ; acquit, de Gaspard de
VINTIMILLE, sgr d'Ollioules, la moitié de la terre d'Evenos (6), et

(1) Gaspard Reinaud, not. à Aix, f° 76.

(2) Imbert Borilli, not. à Aix.

(3) *Castrum novum inhabitatum Sancte Margarite...*, confrontant la mer, la Garde et
le fossé dit *le Valla Egotier*. D'après le dictionnaire d'Achard (II, 472), cette terre aurait
été achetée de Raymond Davit, en 1212, par Etienne, évèque de Toulon. Jean VI, un de ses
successeurs, l'aurait échangée, en 1413, pour le village de Ste-Croix, au dioc. de Riez.

(4) Arch. B.-du-Rhône, B. 30, f° 239 v°.

(5) Bibl. Nation., cabinet des titres.

(6) Honoré Fortis, not. à Toulon.

Evenos était une des nombreuses seigneuries que possédaient les vicomtes de MARSEILLE
de la branche de SIGNES.

Plusieurs des sgrs d'Evenos se qualifièrent sgrs d'Orves et de Caume qui étaient des
quartiers du territoire d'Evenos et non des sgries à part. On trouve aux archives d'Ollioules
(cartulaire AAI, f° 54), le partage de cette seigneurie, le 16 janvier 1296 (vieux style), entre
Bertrand de MARSEILLE et Guillaume de SIGNES, frères, fils d'Olivier de SIGNES. Marie de
MARSEILLE, fille de Bertrand, porta la portion de son père dans la famille de SIMIANE et
Jacques de SIMIANE, de la branche de Montcha, en prêtait encore hommage le 18 juin 1611.

Le 22 avril 1695, Joseph Décuois, prêta hommage pour moitié d'Evenos (Arch. B.-du-
Rhône, B 797, f° 105), et cette portion de seigneurie ayant passé à la famille SIGNIER fut
ensuite acquise, vers 1700, par Guillaume THOMAS, déjà sgr en partie d'Evenos.

en prêta hommage avec son fils Gaspard, le 26 mai 1543 (1), en
même temps que pour celle de Ste-Marguerite ; fit son test., le
6 mars 1546 (2), dans lequel il nomme son père, élit sa sépulture
au cimetière de Ste-Croix hors la porte St-Michel des murs de
Toulon, dans le tombeau de ses aïeux et d'Antoine THOMAS, son
frère ; lègue à Sébastienne THOMAS, fille de f. Gaspard, fils
naturel de son frère Antoine, pour sa dot ; à Jean THOMAS, son
neveu, fils de f. Louis ; à Antoine THOMAS, son fils, chan. à
Toulon ; à Isabeau, sa fille mariée ; à Honoré THOMAS, son fils,
camérier de Pignans ; à Louise, sa fille mariée ; à Marguerite,
sa fille religieuse ; à Blanche, sa fille mariée ; à Marguerite
VENTO, sa belle-fille ; institue pour héritiers ses fils Gaspard,
Jacques et Barthélemy ; rappelle f. Claudine de GLANDEVÈS,
épouse de son fils Gaspard, et nomme, pour ses exécuteurs
testamentaires, Pierre SIGNIER, son beau-frère, et Jean de
CUERS, apothicaire, et mourut vers 1552 (3). Il avait ép., suiv.

Sibylle de SIGNIS, fille de Guillaume, porta l'autre portion d'Evenos dans la famille de
VINTIMILLE et Pierre THOMAS, l'ayant achetée, comme il est dit ci-dessus, sa famille la
conserva jusques vers le milieu du XVIIIe siècle.

En 1612, Gaspard SIGNIER de Piosin acquit une portion de la sgrie d'Evenos. Ses descendants y firent tantôt des acquisitions et tantôt des ventes, mais la plus grande partie de
la sgrie paraît être venue plus tard à François SIGNIER qui en prêta hommage le 3 fév. 1749.

Toutefois, les biens situés à Orves avaient été achetés en partie par Gaspard de GOMBERT,
en 1584. et en 1738, par Joseph MARTINI, déjà cgr d'Orves, ainsi que les CAMES.

(1) Arch. B.-du Rhône, B 785, fo 12.

(2) Cabasson, not. à Toulon. Il se dit cousin d'honnête femme Laurence GARZAN et lui
lègue 10 fl.

(3) Hommage prêté par son fils Gaspard, pour Ste-Marguerite, le 11 avril 1552.

contrat du 5 mars 1502 (1), Honorée SIGNIER, fille de Jean et de
Antoinette MORANCE ;

d'où : 1. Gaspard, dont l'article suit ;

2. Jacques, tige des sgrs d'Evenos, rapportés plus loin ;

3. Barthélemy, tige des sgrs de Milhaud, rapportés ensuite ;

4. Honoré, tige des sgrs de Val-d'Ardène et Pierrefeu,
   rapportés en leur rang ;

5. Antoine, chan. à Toulon, passa accord, le 13 janv.
   1569 (2), avec Magdelon THOMAS d'Evenos, son neveu,
   sous les auspices de Barthélemy THOMAS de Milhaud,
   frère dudit Antoine et oncle dudit Magdelon. Sa légitime
   fut fixée à 800 fl., qui furent payés par Anne de VINTI-
   MILLE, mère de Magdelon ;

6. Isabeau, ép., en 1532, Barnabé MONIER (des sgrs des
   Sausses), fils de Pons et de Antoinette GANTELMI ;

7. Louise, eut en dot 1.100 fl. Elle avait ép. Jacques
   PARISSON (3), de la ville de Toulon ;

8. Blanche, légataire d'une mante au test. de son père.
   Elle avait ép., suiv. contrat du 25 fév. 1544 (4), Victor

---

(1) Chantard, not. à Ollioules (alias Toulon). Présents : Antoine de Correis, apothicaire,
Luc Cabasson, Raynaud Raisson, doct. ès-droits, Antoine de Correis, de la ville de
Toulon, Louis Fonbin, sgr du Luc, Jean Romiol, licencié ès-lois, Jean Claviers, bailli de
Toulon, Pierre Steniph, archip. d'Hyères, chan. de Toulon.

(2) Brun, not. à Hyères (Bibl. Nat., cabinet des titres).

(3) Il est nommé au test. de Pierre Thomas, son beau-père. Artefeuil dit à tort que
Louise ép. le sr Chabert, le confondant avec Catherine, fille de Gaspard Thomas, sgr de
Ste-Marguerite.

(4) Salvator, not. à Toulon (Bibl. Nat., cabinet des titres) Artefeuil dit à tort que
Blanche ép. le sr Nas de Tourris, la confondant ainsi avec Claudine, fille de Jacques
Thomas, sgr d'Orves.

ARTIGUE, habile en droit, de la ville de Toulon, fils de Jacques, du lieu de Signes ;

9. Marguerite, religieuse au couvent de la Celle.

XIV. Gaspard THOMAS, sgr de Châteauneuf-St-Marguerite, Milhaud, la Valette, Giens, csgr de Baudouvin, de la plus grande partie de la Garde, etc. ; reçut donation de ses père et mère, le 10 nov. 1526 (1) ; acquit, le 21 déc. 1533 (2), des héritiers de Antoine MARIN, du lieu de la Valette, l'île de Milhaud (3), située dans la rade et près le port de Toulon, pour la somme de 280 fl. 3 gros, avec le consentement des proches parents des enfants mineurs dudit Antoine MARIN (4) ; prêta hommage, avec son père, pour Evenos, le 26 mai 1543 (5) ; lieutenant et maître des ports en la

(1) Claude Gautier, not. à Aix (Registre de Haitze, 202, à la bibliothèque Méjanes).

(2) Antoine Boissoni, not. (Bibl. Nat., cabinet des titres).

(3) C'est maintenant plutôt une presqu'île, appelé *poudrière de Milhau*, parce qu'au XVIII° siècle on y avait construit une poudrière. Il paraît, du reste, que la qualification d'*île* n'a jamais été tout à fait exacte, puisque, dans l'acte d'achat de la juridiction de Milhaud faite par Pierre THOMAS, père de Gaspard, on la spécifie : *environnée ainsi qu'on dict de l'eau de la mer*, contenant environ deux charges à semer de terroir. Pierre THOMAS, père de Gaspard, s'était rendu adjudicataire, le 24 déc. 1537 (arch. B.-du-Rhône, B, 1280, f° 61), de la haute, moyenne et basse juridiction, mère et mixte impère de ladite île,.... profits, revenus,.... pouvoir d'instituer officiers,.... pour l'exercice de ladite juridiction,.... pour le prix de 50 écus d'or au soleil ; probablement il y joignit aussi la propriété appartenant à son fils Gaspard, car il donna le tout en mariage à son autre fils Barthélemy, qui était poursuivi en 1561 (*ibid.*, 1981, f° 17), par l'administration du domaine royal pour justifier de ses droits.

(4) N. MARIN, du lieu de la Valette, fut père de : 1. Jean, père de : A. Guillaume ; B. Antoine, ép. Marguerite GAYOT, d'où : *a*. Nicolas ; *b*. Barthélemy ; *c*. Grégoire ; C. N., ép. Cyprien TURELLI, doct. ès-droits ; D. N., ép. François FABRON ; 2. N., père de : Jacques, demeurant au château de la Valette.

(5) Arch. B.-du-Rhône, B, 785, f° 181.

ville de Toulon, suiv. lettres données à Amiens, le 29 sept.
1544 (1) ; acquit 1/8 de la sgrie de la Garde de Louise de
GLANDEVÈS, Pierre de PONTEVÈS, son fils, et Clermonde de
GLANDEVÈS (2) ; reçut de sa femme, Marguerite de SEYTRES, le
15 mars 1552 (3), 2/8 des sgries de la Garde et de la Valette (4),

(1) Enregistré à la Cour des Comptes, le 4 déc. suiv. (arch. B.-du-Rhône, B. 38. Reg.
Serena, f° 193).

(2) Honoré Ricard, not. à la Valette.

(3) Ricard, not. à la Valette (Bibl. Nat., cabinet des titres).

(4) Cette localité a été assez heureuse pour trouver dans son maire, M. Laurent GERMAIN
(Histoire de la Valette-Var, 2° édit., Toulon, Isnard et C°, 1891, in-8°), un historien
éclairé qui, après avoir scrupuleusement dépouillé toutes les archives de la commune, a pu
donner sur son passé les détails les plus intéressants. On y voit que Sibylle, dame de
Toulon, fille de Gaufridet, sgr de Trets, veuve, en 1° noces, de Gilbert de Baux, et, en
2° noces, de Boniface de CASTELLANE, légua à Charles I, c° de Provence, tous ses droits
sur Toulon (alors simple bourg), par testament du 14 août 1261 (Thomas, not.). Cette
même année, ce c° Charles créa Toulon chef-lieu d'un bailliage comprenant la Valette,
Tourris, la Garde et le Revest.

Dès 1269 et le 3° des calendes de décembre, ledit Charles, c° de Provence et sa femme,
Béatrix, cédèrent par vente, don ou échange, la Valette, Cuers, la Garde, Solliès et le
Revest à Isnard d'ENTRAYGUES et Reforciat, fils de Raymond Geoffroy, de la famille comtale
de Toulon.

La Valette rentra, paraît-il, dans le domaine comtal et quoiqu'en 1385, Reynaud de
MONTAUBAN, sgr du Revest et de Tourris, se qualifiât sgr de la Valette, on trouve qu'en
1399, le c° Louis II la donna en engagement à Jean Gonzalve de MORANCE, sgr de Solliès,
en récompense des services qu'il en avait reçus. Raimond de MONTAUBAN se disait encore
cosgr de la Valette, en 1402 et en 1403 ; il vendit ses droits à Gautier de ULMAR Bertrand,
fils ? de Gautier, vivant en 1425, eut une fille, Méleline, qui, en 1437, et du consentement de
Alphonse de MORANCE (fils ? de Jean Gonzalve), donna la Valette, avec l'autorisation du roi
René, à Elion de GLANDEVÈS, sgr de la Garde, etc. Les descendants d'Elion se partagèrent
la sgrie de la Valette, dont portions furent apportées en dot par les filles aux familles
FORBIN de Solliès, PONTEVÈS, etc. Gaspard THOMAS, sgr de Ste-Marguerite, en réunit sur
sa tête la plus grande partie, sinon la totalité, par son mariage avec Claudine de GLANDEVÈS,

qu'elle avait acquis, le 1er juin 1549 (1), de François FORBIN, sgr
de Solliès ; prêta hommage pour Ste-Marguerite, le 11 avril 1552;
fit un 1er test., le 23 août 1562 (2), étant près d'aller au camp de
Sisteron contre les huguenots, dans lequel il nomme ses deux
femmes, ses enfants du 1er lit : Nicolas (auquel il lègue le château
de Ste-Marguerite), Gaspard (auquel il lègue ses biens de Solliès),
et Catherine ; ses enfants du 2e lit : Pierre, Antoine, Françoise
et Madeleine ; institue héritiers, par égale part, ses fils, Nicolas
et Pierre, et nomme exécuteurs testamentaires ses frères, Jacques
et Barthélemy THOMAS ; fit un 2e test., le 27 sept. 1566 (3), par
lequel il élit sa sépulture à la Garde, dans la tombe des GLANDE-
VÈS, léguant à Gaspard (4) et à ses autres enfants, et instituant

et les diverses acquisitions mentionnées ci-dessus. Nicolas THOMAS, son fils, ayant fait
ériger en baronnie sa terre de Ste-Marguerite, en 1596, y fit joindre celle de la Valette ;
mais les habitants de cette dernière, après de nombreuses contestations, obtinrent de se
racheter, en 1614 et 1616, envers leurs seigneurs, et, à cette époque, le droit que les THOMAS
s'étaient réservé de porter le titre de sieurs de la Valette, ne fut plus qu'un droit
honorifique, dont ils ont joui jusqu'à leur extinction, en 1856.

(1) Hugues Martelli, not. à Aix.

(2) Ardisson, not. à la Garde (Bibl. Nat., cabinet des titres).

(3) Molinier, not..

(4) Voici les termes de ce legs : « Item icelluy seigneur testateur a laissé à Gaspard
(Thomas) de Ste-Marguerite, son fils et de ladite feue Claude de GLANDEVÈS, pour tous et
chacuns ses droits,..... cinq souls et ung baston blanc,.... causant que ledit Gaspar, son
fils, n'a voulu estre bobéissant, ne se volloir ranger aucunement aux commandemens et
instructions que ledit testateur lui aye faict par plusieurs fois, ains c'est toujours entretenu,
fréquenté, esté avec les ennemis mortels dudit sieur testateur, vagabons et gens de
mauvaise vie, disant mal dudit sieur testateur, consentant à faulces entreprises à faire
contre dudict sieur testateur, son père, par ses ennemis mortels, n'ayant heu jamais une
consollation et amitié dudict Gaspard, son fils, comme est tenu faire de droict, ains se
inclinant toutellement à mauvais vices et jeus de cartes, usant avec mauvaises compaignies
et effects, l'ayant desrobbé et faisant entreprinses pour le desrobber.....».

pour héritiers ses trois autres fils, par égale portion ; prêta hommage pour Giens, le 2 juin 1568 (1), et mourut assassiné en 1575. Il avait ép., en 1res noces, le 31 juil. 1534 (2), Claudine de GLANDEVÈS, dame de la Garde-lez-Toulon et de la Valette, fille de Louis, sgr de la Garde, et de Isabeau (*alias* Louise) FORBIN ; et, en 2es noces, suiv. contrat du 7 fév. 1549 (3), Marguerite SEYTRES, fille de Balthasar, sgr de Caumont, et de Catherine MAYAUD (4) ;

d'où : du 1er lit,

1. Nicolas, dont l'article suit ;

2. Gaspar, tige des sgrs de la Garde, rapportés plus loin ;

3. Catherine, légataire au test. de son père du 27 sept 1566, y est dite religieuse à la Celle. Elle avait ép., suiv. contrat du 9 nov. 1546 (5), Antoine CHABERT, fils de Pierre et de Melchione DIGNE (6) ;

et, du 2e lit,

4. Pierre, s^r de Giens, csgr de la Valette, acquit, de Balthasar RODULF, suiv. acte du 21 fév. 1578 (7), la terre et sgrie de Châteauneuf-le-Rouge, au prix de 11.000 écus d'or sol, de 60 sous, somme qui fut payée par Nicolas THOMAS, son frère, en suite des accords conclus entre les deux frères au sujet de l'héritage paternel et mourut en 1579; S. P.;

(1) Arch. B.-du-Rhône, B, 799, f° 50.

(2) Claude Malbequi, not. à Sollies.

(3) Aui, Chibaud, not. à Aix.

(4) ? Remariée avec Balthasar RODULF, sgr de Châteauneuf-le-Rouge.

(5) Olivari, not. à Toulon (jug^{es} de nobl. CHABERT).

(6) Avait ép., en 2e noces, le 17 fév. 1537 (Cl. Gautier, not. à Aix), Alphonse LEDOIX.

(7) Acte passé à la Garde par André Arnaud, not. à Toulon (Bibl. Nat., cabinet des titres).

5. Antoine, tige des sgrs de la Valette, rapportés en leur
rang ;

6. Françoise, légataire de 2.000 écus d'or au test. de son
père ;

7. Madeleine, mourut à Simiane-lez-Aix, le 2 sept. 1618.
Elle avait ép., le 3 oct. 1574 (1), Jacques CLAPIERS, sgr
de Collongues, fils de Antoine, sgr de Pierrefeu et de
Jeanne de CABANES, dame de Collongues (2).

XV. Nicolas THOMAS, baron de Ste-Marguerite, sgr de la
Garde, Giens, la Valette, etc. ; reçut donation de Gaspard de
St-GERMAIN, vers 1573 (3) ; obtint, conjointement avec ses trois
frères, un arrêt de décharge des droits de franc fief, le 26 fév.
1575 (4) ; fit ériger en fief, sous le nom de Beaulieu, une grande
bastide, dite la Garde, au terroir de Rognes, près d'Aix, quartier
dit de Conil et Bornoyn, par lettres du mois de nov. 1576,
enregistrées à la Cour des Comptes, le 21 mars 1577 (5) ; fit ériger

(1) Ardisson, not. à la Garde.

(2) M. de Rozière indique comme douteuse une autre fille du 2e lit de Gaspar, Lucrèce,
qui épousa, le 19 août 1571, François RIPERT, sgr du Revest, fils d'Allard et de Melchionne
de FASSQUIÈRES.

(3) Ardisson, not. à la Garde (Ins. d'Hyères).

(4) Bibl. Nat., cabinet des titres.

(5) Arch. B. du-Rhône, B, 66 (R. Piscis), f° 915. Cette bastide avait été donnée, en
1576, par Honoré VINCENT d'AGOULT à sa petite-fille, Catherine, femme de Nicolas THOMAS.
Une fois érigée en fief, elle passa à Guillaume JULLIEN qui en prêta hommage, le 23 nov.
1617 (arch. des B.-du-Rhône, B, 793, f° 153). Catherine JULLIEN (probabl. sa fille), épousa
Pierre BESSON, qui prêta hommage pour Beaulieu, le 15 mai 1695 (ibid., f° 180). Marie
BESSON, fille dudit Pierre, en prêta hommage à son tour, le 28 juin 1680 (ibid., 797, f° 16) ;
elle avait ép., en 1647, André FÉLIX, sr de Valfère et, n'en ayant pas eu d'enfant, légua
ladite sgrie à Pierre d'ONAISON, sgr d'Antrages, son neveu ; ce dernier en prêta hommage
lui-même, le 11 oct. 1687 (ibid., f° 58) ; puis, ayant acquis, le 1er déc. 1696, de Jean-Baptiste

la terre de Ste-Marguerite en baronnie par lettres du Roi données à Fontainebleau en sept. 1578 (1), avec union des sgries de la Garde, la Valette et de l'île de Giens (2), desquelles il prêta

Raffelis, esgr de Rognes et Valfère, une bastide dite la Milhaude, au même quartier, pour le prix de 4.807 l. 2 s., obtint du Roi des lettres patentes, données à Versailles en mars 1698, enregistrées le 19 avril de la même année (arch. B.-du-Rhône, B, 116, Reg. *Prophela*, f° 68), confirmant sur sa tête l'érection de ce fief avec adjonction de ladite bastide pour relever désormais directement du Roi, avec droit de haute justice, etc...

Le 4 avril 1705, Pierre Sarrevourex de Pontleroy acheta Beaulieu à Pierre d'Oraison pour 100.000 l.; en prêta hommage le 24 juil. 1705 (arch. B.-du-Rhône, B, 803, f° 38), et, le 16 fév. 1723 (*ibid.*, f° 299). Son fils Jacques en prêta hommage, à son tour, le 11 mars 1735 (*ibid*, 805, f° 76).

Le 9 mai 1754, Pierre Robineau acheta Beaulieu au prix de 160.560 l. et en prêta hommage au mois de juin suivant. Armand-Joseph-Alexandre Robineau de Beaulieu, le dernier de la famille, par son test. f 15 mars 1863, déposé aux minutes de M° Pison, not. à Aix, le 29 avril 1865, laissa la terre de Beaulieu à son parent, Raoul de Candolle, dont les descendants la possèdent encore.

(1) Enregistrées le 27 nov. 1579. Arch. B.-du-Rhône, B, 68 (R. *Concordia*), f° 64.

(2) Giens avait été donné dès 1284, par Charles I, c° de Provence, à Raimond Orlan, et à ses héritiers (arch. B.-du-Rhône, Reg. juge-mage, n° 1, f° 95). En 1309, cette sgrie appartenait à Foulques et Hugues Orrabon (arch. B.-du-Rhône, Reg. K de Charles II, f° 75).

Le 19 oct. 1399, Arnaud, Guillaume et Louisette de Villeneuve, enfants d'Hélion de Villeneuve, bar. de Trans, et de Decane Rostang, firent hommage pour Giens (arch. des B.-du-Rhône, B, 769 *bis*, f° 69).

En 1474, Raimond et Jean de Glandevès étaient sgrs de Giens (arch. B.-du-Rhône, reg. *Magdalena*, B, 26, f° 845). Cette branche des Glandevès, sgrs de Faucon, conserva la sgrie de Giens jusqu'à son extinction.

Le 16 janv. 1540, Louise de Glandevès et son époux, Boniface de Pontevès, en prêtèrent hommage en même temps que de la Garde, la Valette, etc. (arch. B.-du-Rhône, B, 785, f° 107).

Une portion de la sgrie de Giens vint ensuite aux Thomas avec la Garde et la Valette, et cette portion fut même englobée dans la baronnie de la Valette lors de son érection, en 1578. Mais la plus grande partie, sinon la totalité, était aux mains des Pontevès, lorsque

hommage, les 2 déc. 1579 (1), 7 mars 1597 (2), 28 juin 1605 (3),
et 18 fév. 1611 (4) ; fut nommé chevalier des ordres du Roi, par
lettres données à Paris, le 4 mars 1579 ; vendit partie de la terre
et sgrie d'Orves à Gaspard de GOMBERT, le 28 août 1584 (5) ;
consentit une pension en faveur de Marguerite SEYTRES, sa
belle-mère, le 25 avril 1585 (6) ; fit son test., le 18 fév. 1597 (7),
par lequel il institue pour héritier son fils aîné Gaspard; et des
codicilles, les 12 janv. 1605, 11 fév. 1608 et le dernier, 12 oct.
1609 (7), par lequel il lègue à Jacques, son fils, les 8.000 l. encore
dues de la dot de Marguerite de CASTELLANE, sa belle-fille, plus
1.250 l. ; confirme l'institution d'héritier à son fils Gaspard, lui
substituant un de ses enfants mâles pour la baronnie de la Garde,
en son entier, à cause des grandes peines qu'il a eues à son
érection et réunion, et, à défaut, substituant à celui-ci son fils
Jacques et l'un de ses enfants mâles, et mourut avant le 7 nov.
1615. Il avait ép., suiv. contrat du 11 fév. 1575 (8), Catherine
VINCENT d'AGOULT (9), fille de f. François, sgr de Rognes,

Antoine-François de PONTEVÈS, arrière petit-fils de Pierre (ce dernier fils lui-même de Boniface ci-dessus), fit ériger cette terre en marquisat, sous le nom de PONTEVÈS, en oct. 1691. Elle est restée dans leur famille jusqu'à la Révolution.

(1) Arch. B.-du-Rhône, B, 799, f° 106 v°.

(2) *Ibid.* f° 214.

(3) *Ibid.*, 793, f° 96.

(4) *Ibid.*, 799, f° 119.

(5) Ricard, not. à Toulon.

(6) Auguste Mourchon, not. à la Garde (Bibl. Nat., cabinet des titres).

(7) Auguste Mourchon, not. à la Garde.

(8) Hugoleny, not. à Aix (insin. d'Hyères, 1573 à 1589, f° 16 et insin. d'Aix, 1576, f° 939). Acte passé en la maison du sr de Ste-Marguerite ; présent : Louis Fabri de Fabrègues.

(9) Fit son test., étant veuve, le 7 nov. 1615 (Mourchon, not. à la Garde, Bibl. Nation.).

et de Marguerite Seytres de Caumont (1) ;

d'où : 1. Gaspard, dont l'article suit ;

2. Jacques, sgr de Beaulieu et de l'Escaillon, csgr de St-
Marguerite, la Garde-lez-Toulon, etc. ; attaqué pour le
payement des droits de franc fief sur les biens de sa
femme, en fut déchargé par jugement du 23 août 1634 (2) ;
consul de Toulon, en 1650 ; fit donation à son fils Pierre,
le 6 mars 1653 (3), et fut parr., à Toulon, le 7 déc. 1653,
de son petit-fils François Raysson. Il avait ép., suiv.
contrat du 9 nov. 1613 (4), Lucrèce Signier, dame de
l'Escaillon (5), fille de f. Annibal et de Rosanne Thomas
de Val-Dardenne (6) ;

cabinet des titres), par lequel elle lègue à son fils Gaspard, à sa fille Charlotte, révoque la
donation faite à sa fille Marguerite, ratifie la donation faite à son fils Jacques et l'institue
héritier, lui substituant Gaspard, puis Charlotte et Marguerite, tous ses enfants.

(1) Elle fit son test., le 26 août 1587 (Auguste Mourebou, not. à la Garde, Bibl. Nation.,
cabinet des titres), et un codicille, le 28 avril 1589 (id.), par lequel elle se dit fille de
Balthazar et de Catherine Mayaud et veuve de François (Vincent) d'Agoult ; lègue à
Suzanne (Vincent) d'Agoult, sa fille, religieuse à la Celle, lègue à toutes les filles qu'aura
Catherine (Vincent) d'Agoult, épouse de Nicolas Thomas, et institue pour héritière ladite
Catherine. Exécuteurs testamentaires : Amédée Seytres, sgr de Verquières, son frère, et
Jacques Clapiers, sgr de Collongues, son neveu.

(2) Registre desdits jugements, fo 17.

(3) Vacon, not. à Toulon (insin. Toulon, 56)

(4) Pierre Cogorde, not. à Toulon (insin. Toulon, 1649-52, fo 25). Présents : Gaspard
Thomas, frère du futur ; Anne Ferrier, dame de l'Escaillon, aïeule de la future ; les sieur
et dame du Revest, ses père et mère ; Louis et Madelon Thomas et Balthazar Signier de
Piosin, ses oncles.

(5) Marr., à Toulon, le 11 juil. 1647, de son petit-fils Ferdinand de Bausel de Rodillat
vendit, le 24 nov. 1657, à Jean Gautier, prieur de la Valette, une maison rue de la Vieille-
Poissonnerie, à Toulon, qui avait été bâtie au siècle précédent par Antoine Signier.

(6) Épousa, en 2e noces, Balthazar Paris, seigneur du Revest.

d'où : A. Pierre, sgr de l'Escaillon, Beaulieu, Carqueirane (1), csgr de la Garde-lez-Toulon ; reçut,
du Roi, don de lods pour partie de la terre et
sgrie de la Garde-lez-Toulon (2) ; prêta hommage pour la Garde, le 24 mars 1659 (3), et
pour la terre de Carqueirane, le 4 août 1666 (4) ;
fut déchargé du droit de francs fiefs par jugement
du 4 juil. 1674, et mourut *(probab.)* avant le 17
mai 1694 (5). Il avait ép., suiv. contrat du 16
juin 1647 (6), Hippolyte GARNIER (7), fille de
Jacques, sgr de Jullians et de Jeanne DEDONS ;
d'où : *a.* Hippolyte, né à Toulon, bapt. le 18
août 1648 (8) ;

(1) La sgrie de Carqueirane avait été inféodée par le roi René, en 1474, à Jean-Baptiste
MEYRAN, de la ville d'Arles, sous l'obligation de payer annuellement 9 mesures d'huile
au couvent des FF. Prêcheurs de St-Maximin (arch. B.-du-Rhône, B, 16. R. Paro, 926).
On la trouve ensuite aux mains de François de BÉNARDIDES, qui en prêta hommage le 9
juin 1649 (*ibid.*, 793, f. 224). Après Pierre et Louis THOMAS, elle passa par leur fille et
sœur à Joseph SAQUY, et celui-ci en prêta hommage le 20 mai 1697 (*ibid.*, 797, f. 143).
Plus tard, en 1733, on la retrouve dans les biens d'Henry THOMAS, mis de la Garde. Entre
temps, vers le milieu du XVIIe siècle, on voit les RIFFAY se qualifier aussi sgrs de
Carqueirane.

(2) Arch. des B.-du-Rhône, B, 104 (*Afflictio Provinciæ*), f. 339.

(3)   *ibid.*,   791, f. 5.

(4)   *ibid.*,   796, f. 21 v°.

(5) Hommage de son fils Louis pour Carqueirane.

(6) Ant. Olivier, not. à Aubagne (insin. d'Hyères, 1982). Présents : François NAS de
Tourris, cousin du futur ; Louis-Hugues DEDONS et François SAQUY, éc., oncles de la future.

(7) Mourut, ainsi que son mari, avant le 29 oct. 1696.

(8) Parr., François (BACAILH) de Rodeillat ; marr., Jeanne DEDONS, dame de Jullians.

b. Louis, né à Toulon, bapt. le 16 oct. 1650 (1) ;

c. Autre Louis, sgr de Carqueirane, né à Toulon, bapt. le 18 juil. 1655 (2) ; prêta hommage pour Carqueirane, le 17 mai 1694 (3) ; mourut à Toulon, le 17 août 1696, et fut enseveli le 18 en la chapelle de la Garde, comme il l'avait demandé ;

d. Gaspard, né et bapt., à la Garde, le 27 mai 1670 ; présenté à Malte, le 12 oct. 1688, chev. de St-Jean-de-Jérusalem la même année ;

e. Henry, né et bapt., à Toulon, en 1672 ; présenté à Malte, le 18 mars 1675, reçu, suiv. enquête faite à Marseille, chev. de St-Jean-de-Jérusalem ;

f. Rosanne, née à Toulon, bapt. le 1er juil. 1652 (4) ;

g. Marguerite, dame de Carqueirane, en prêta hommage, étant veuve, le 16 juin 1719 (5). Elle avait ép., à Toulon,

(1) Parr., Mgr Louis de Valois, duc d'Angoulême, cte d'Alais, gouv. de Provence ; marr., Anne Forbin du Luc.

(2) Parr., Mgr Louis de Vendôme, gouverneur de Provence ; marr., Lucrèce Sicard.

(3) Arch. B.-du-Rhône, B. 797, f. 89.

(4) Parr., Henri Mainier, bar. d'Oppède, présid. au Parl. de Provence ; marr., Rosanne Thomas.

(5) Arch. B.-du-Rhône, B. 803, f. 150.

le 29 oct. 1696, Joseph Saquy, éc.,
fils de f. François, sgr des Tourrets,
et de f. Gabrielle Nas de Tourris ;

B. François, né à Toulon, bapt. le 26 janv. 1630 (1) ;

C. Philandre, né à Toulon, ondoyé le 31 mai
1631, bapt. le 19 juin de la même année (2) ;

D. Annibal, né à Toulon, bapt. le 20 avril 1635 (3) ;
présenté à Malte, en 1651, reçu chev. de S¹-
Jean-de-Jérusalem, en 1654 ;

E. Denis, né à Toulon, bapt. le 27 janv. 1638 (4) ;

F. François-Philandre, né à Toulon, bapt. le 12
mars 1641 (5) ; présenté à Malte, en 1651, reçu
chev. de S¹-Jean-de-Jérusalem, le 30 janv.
1655 ;

G. Rosanne (6), marraine, à Toulon, le 25 juin
1672, de son petit-fils François-Prosper Brueil
de Rodeillat. Elle avait ép., suiv. contrat du 24
août 1645 (7), François Brueil de Rodillat,

---

(1) Parr., François de Vintimille ; marr., Rosanne Thomas, dame du Revest.

(2) Parr., Philandre de Vincheguerre, cap. d'une galère, chev. de S¹-Jean-de-Jérusalem ;
marr., Catherine Thomas de S¹ᵉ-Marguerite.

(3) Parr., Louis Signier d'Evenos ; marr., Blanche de Cabasson.

(4) Parr., Denis de Polastron, commandeur de S¹-Jean-de-Jérusalem ; marr., Rosanne de
Pansis, dame du Luc.

(5) Parr., François Thomas ; marr., Claire de Maraic ?

(6) On trouve à Toulon, le 4 fév. 1656, le bapt. de Marie-Rosanne Thomas, fille de Jacques
et de Lucrèce Signier. (Parr., Jean Boisson ; marr., Rosanne de Thomas). Il semble bien
difficile que Jacques et Lucrèce, mariés en 1613, aient pu avoir un enfant en 1656.

(7) Vacon, not. à Toulon (insin. d'Hyères, 778). Présent : Guillaume de Brueil, sgr
d'Esclapon, avocat, frère du marié.

lieut., part. au Siège d'Hyères, transféré à
Toulon, fils de f. Pierre et de f. Madeleine
d'Eiguesier ;

H. Marguerite-Lucrèce, née à Toulon, le 16 mai
1633, bapt. le 28 fév. 1634 (1), mourut à Toulon,
le 29 sept. 1691, et fut ensevelie, à Evenos,
dans le tombeau de son second mari. Elle avait
ép., en 1res noces ; suiv. contrat du 21 nov.
1651 (2), Gaspard Raisson (3), cons. en l'Amirauté de Toulon, fils de f. Louis et de Françoise
Thomas de la Val-Dardenne, sa 2e femme ; et,
en 2es noces, suiv. contrat du 25 janv. 1671 (4),
Gaspard Thomas, sgr d'Orves, f.s de Jean-
Barthélemy et de Marguerite Barthélemy de
Ste-Croix ;

I. Charlotte, née à Toulon, bapt. le 18 août 1636 (5);

3. Marguerite, née vers 1578, mourut, à Velleron (6), le
12 fév. 1628. Elle avait ép., suiv. contrat du 24 oct.
1603 (7), Paul Astoaud, fils de f. Thomas, csgr de
Velleron, et de Marie Gérard d'Aubres ;

---

(1) Parr., Melchior (Gardi), sr de Vins ; marr., Marguerite Ancessia

(2) Jean Bermond et Bosquet, not. à Toulon (insin. de Toulon, 760).

(3) Mourut avant le 16 sept. 1687. Il avait ép., en 1re noces, Catherine Maliverny.

(4) Barthélemy, not. à Ollioules (insin. de Toulon, 990).

(5) Parr., Guillaume de Blanc, prévôt de l'église cathédrale de Toulon ; marr., Lucrèce
de Curns.

(6) Vaucluse.

(7) Guillaume Raffi, not. à Avignon (insin. d'Hyères, 857).

4. Charlotte, fit son test., étant veuve, le 11 mai 1626 (1), par lequel elle lègue à son fils Henry THOMAS, à Isabeau et Suzanne, ses filles, religieuses, à Lucrèce, Rosanne et Marguerite, ses autres filles en bas âge, au posthume, dont elle est enceinte, et institue pour héritier son fils François; lui substituant son autre fils Henry, et à celui-ci Gaspard et Jacques THOMAS, ses propres frères; et un codicille, le 1er juin suivant (2), par lequel elle change quelques uns de ses legs. Elle avait ép., suiv. contrat du 19 juil. 1607 (2), Henri THOMAS, son cousin germain, fils de Antoine, sgr de la Valette, et de Isabelle des BALBS BERTON de Crillon.

XVI. Gaspar THOMAS, bar. de Ste-Marguerite, la Garde, csgr de la Valette, etc.; vendit, le 18 oct. 1612 (3), à Claude CABASSON, éc. de la Valette (4), la sgrie de Baudouvin; à Jean-Pierre ISNARD et Henri THOMAS, de la Valette, le territoire de la Garde tenant audit Baudouvin, moyennant 6.300 l.; vendit encore, conjointement avec le même Henri THOMAS, à la communauté de la Valette, le 20 oct. 1614, les droits de hauts justiciers qu'ils avaient respectivement audit lieu (5); vendit, le

(1) Bosquet, not. à Toulon (Bibl. Nat., cabinet des titres). Témoin : Jean-Barthélemy THOMAS d'Orves.

(2) Mourebou, not. à la Garde (Bibl. Nat., cabinet des titres).

(3) Ibid.

(4) Il avait ép. Louise CANES, du lieu de la Valette. Leur fille Blanche ép., suiv. contrat du 19 janv. 1616 (Ricard, not. à la Valette), Jacques RIBENT, fils de François, écuyer, et de Lucrèce THOMAS, de la ville de Toulon.

(5) Ces droits étaient pour une juridiction de onze mois et huit jours, qui furent estimés 18.000 l.; dont 9.300 à Gaspard, bar. de Ste-Marguerite, et 8.700 à son cousin Henry. Cet

2 oct. 1619, le château d'Astourets (anciennement les Tourets),
arrière fief de la Garde, à François SAQUI, au prix de 14.400 l. ;
acheta, le 24 nov. 1624, de Charles d'ARTIGUES, les droits seigneuriaux que ce dernier possédait à la Garde, comme fils et
héritier de Victor d'ARTIGUES, qui les avait acquis de Louise de
GLANDEVÈS, par acte du 20 avril 1545 (1) ; fit donation, le 6 janv.
1638 (2), avec sa femme, à leurs fils Jean et François. Il avait
ép., suiv. contrat du 1er mars 1609 (3), passé au château d'Es-
parron-du-Verdon, Marguerite-Gabrielle de CASTELLANE (4), fille
de Jean, sgr d'Esparron, le Bioso (*alias* Albiose), St-Julien-le-
Montagnier, etc., et de Aimarre ALBERTAS de Gémenos ;
d'où : 1, Jean, dont l'article suit ;

    2. François, doct. ès-droits, présenté à Malte, en 1634,
        reçu chev. de St-Jean-de-Jérusalem, en 1635 ; émancipé,
        le 24 oct. 1643 (5) ; fit donation à son père, le 11 nov.
        1647 (6) ;

acte fut passé à la Valette par Raymond Chabert et Augustin Mourchou, not. à la Valette
et à la Garde, sous l'autorisation accordée par le Roi, suiv. lettres patentes données à
Paris, le 26 mai 1614 ; et, comme il portait reconnaissance au Roi, de toute seigneurie et
juridiction, il fut aussi accepté par le Roi, suiv. lettres données à Paris, le 8 nov. de la
même année. En suite de cet accord, Pierre MARIN, nommé, par les consuls de la Valette,
en l'office de juge audit lieu, fut reçu le 99 avril 1615 (insinuations d'Hyères, 169). Les
trois semaines formant le solde de la haute justice à la Valette furent rachetées à Jean
THOMAS, esgr de la Garde, le 90 nov. 1616, moyennant le prix de 1.935 l.

(1) Girelly, not. à la Garde.

(2) Mourchou, not. à la Garde (insin. d'Hyères, 749).

(3) Gaspar Vassal, not. à Esparron (insin. d'Hyères, 437). Présents : François Roux de
Vintimille, sgr de Montpesat ; Balthasar AIXRAT, éc. de Brignoles.

(4) Artefeuil la nomme à tort Catherine. Elle eut en dot 86.000 l.

(5) Mourchou, not. à la Garde (insin. d'Hyères, 849).

(6)   Id.,   (insin. de Toulon, 1648 à 1659, f. 19).

3. Anne, attaquée en payement du droit de franc-fief en
qualité de tutrice de ses enfants, en fut déchargée par
jugement du 21 oct. 1636 (1). Elle avait ép., en 1621,
Gaspar MONIER, fils d'Alexandre, sgr des Sausses, et
de Melchionne FORBIN de la Barben ;

4. Aimarre, fit son test., le 7 oct. 1677 (2). Elle avait ép.,
suiv. contrat du 2 juin 1624 (3), Marc-Antoine GAUTIER,
sr de Vacheresse, fils unique de Balthasar, bar. de
Senez, sgr d'Aiguines, csgr de Clumens, et de Blanche
SALETTE de St-Mandrier.

XVII. Jean (4) THOMAS, bar. de Ste-Marguerite, la Garde,
etc. ; émancipé par son père, le 9 nov. 1637 (5) ; mourut avant le
31 déc. 1649 (6). Il avait ép., suiv. contrat du 4 mars 1627 (7),
Françoise GRIMAUD (GRIMALDY), fille de Gaspar, sgr de Régusse,
et de Louise d'AMALRIC ;

d'où : 1. Joseph-Paul, dont l'article suit ;

2. Gaspar, présenté à Malte, en 1655, reçu chev. de
St-Jean-de-Jérusalem, en 1657 ; fit donation à son frère,
Joseph-Paul, le 28 avril 1660 (8) ; servit dans le régim.
Royal-vaisseau ;

(1) 3e Reg. desdits jugements, f. 1619.

(2) Carbonnel, not. à Moustiers.

(3) Malherbe, not. à la Verdière, et Mourchou, not. à la Garde.

(4) Artefeuil le nomme à tort Nicolas. Il est nommé Jean dans les Tables de l'abbé
Robert (Bibl. Nationale), à son contrat de mariage, à celui de sa fille Jeanne, etc.

(5) Mourchou, not. à la Garde (Insin. d'Hyères, 453).

(6) Mariage de sa fille Jeanne.

(7) Gualaume, not. à la Ciotat (Insin. d'Hyères, 246).

(8) Liénard, not. à Toulon (Insin. de Toulon, 106).

3. Jean-Baptiste, né à la Garde, reçu chev. de St-Jean-de-Jérusalem, en 1657 ; fit donation à son neveu, Jules-César THOMAS, le 12 nov. 1657 (1) ; servit dans le régim. de la Croix-blanche ;

4. Jeanne, assista, le 19 mai 1678, au mariage de son fils Charles-Joseph MAZENOD, sgr de Beaupré. Elle avait ép., suiv. contrat du 31 déc. 1649 (2), Charles MAZENOD (3), éc., fils de f. Antoine et de Isabeau GARDIOL ;

5. Marguerite, fit son test. le 26 oct. 1700 (4). Elle avait ép., suiv. contrat du 21 sept. 1655 (5), Guillaume BERTET (6), éc., fils de Gaspar et de Sibylle Roux.

XVIII. Joseph-Paul THOMAS, bar. de Ste-Marguerite, esgr de la Garde, etc. ; prêta hommage, pour Ste-Marguerite et la Garde, le 15 nov. 1672 (7) ; mourut à Toulon (8), le 11 fév. 1708 et fut enseveli à la Garde. Il avait ép., à Aix (9), le 27 nov. 1651, suiv. contrat du même jour (10), Blanche RICARD (11), fille de Vincent, sgr de Brégançon, et de Marie de RISSI ;

(1) Lieutaud, not. à Toulon (insin. de Toulon, 1672).

(2) Prépaud, not. à la Ciotat ; insinué à Marseille le 12 nov. 1668, f. 578.

(3) Il avait ép., en 1res noces, suiv. contrat du 28 nov. 1617, Marguerite de SUFFIN, fille de Honoré et de Batronne FAVIER, et mourut avant le 20 fév. 1680.

(4) Louis Mollinier, not. à la Garde.

(5) Cogordan ? not. à Aiguines.

(6) Mourut avant le 26 oct. 1700 (testament de sa femme).

(7) Arch. B.-du-Rhône, B, 793, fo 73.

(8) Ch. Ginoux, Notice... sur la Garde, p. 19.

(9) Ste-Madeleine.

(10) Decitrani, not. à Aix (insinuations de Toulon, 675).

(11) Née à Aix, bapt. à Toulon, le 20 déc. 1631, mourut et fut ensev. à la Garde, le 20 sept. 1706.

d'où : 1. Jules-César, dont l'article suit ;

2. Charles, présenté à Malte, en 1670, reçu chev. de St-Jean-de-Jérusalem en la même année, mourut au siège de Namur, en 1692 ;

3. Joseph-Paul, né et baptisé à la Garde, le 23 nov. 1671 ; présenté à Malte, le 14 déc. 1693, chev. de St-Jean-de-Jérusalem, suiv. enquête terminée à Aix, le 4 janv. 1694, reçu au g^d prieuré de St-Gilles, à Arles, le 4 mai 1694, légataire de son frère Jean, en 1733 ;

4. Pierre, né et baptisé à la Garde, le 28 juin 1674, présenté à Malte, le 15 nov. 1693, chev. de St-Jean-de-Jérusalem, suiv. enquête terminée à Marseille, le 28 déc. 1693, reçu au g^d prieuré de St-Gilles, à Arles, le 4 mai 1694 ;

5. Jean, sgr de la Tour *(alias* Néoulier), prêtre, doct. en théologie, g^d vicaire de Toulon et de Glandevès ; fit son test. olographe à Paris, le 29 juin 1733 (1), par lequel il lègue une pension à sa sœur Françoise THOMAS, la jouissance de son héritage à sa belle-sœur de MONTOLIEU et à ses frères Gaspar et Joseph-Paul THOMAS (à condition qu'il soit hors de prison, sinon le legs sera révoqué), instituant pour héritier sa nièce, Marie-Anne THOMAS de la Garde, avec substitution à son cousin Paul RICARD, sgr de Joyeuse-Garde ;

6. Gaspar, csgr de la Garde, né vers 1671, cap. de grenadiers dans le régim. d'infant. Royal-vaisseaux, chev. de St-Louis, cap. général garde-côtes de la viguerie de

(1) Déposé chez Antoine Aubert, not. à Toulon (insin. de Toulon, 896).

Toulon, mourut à Toulon (1), le 11 déc. 1741. Il avait
ép. Marie-Anne de MONTOLIEU (2) ;

d'où : A. Jean-Baptiste-Antoine, né vers 1713, mourut à
        Toulon, le 10 mars 1714 ;

     B. Joseph-Paul, né à Toulon, baptisé le 9 mai
        1714 (3), mourut à Toulon (1), le 5 sept. 1717,
        et fut enseveli le lendemain au tombeau de ses
        ancêtres ;

     C. Antoine-Hyacinthe, né à Toulon, bapt. le 13
        juil. 1716 (4), mourut à Toulon, le 4 mars 1717;

     D. Gaspar-Jules, né à Toulon, baptisé le 8 avril
        1718 (5), mourut à Toulon, le 13 avril 1720 ;

     E. N..., officier de marine (6) ;

     F. Marie-Blanche-Thérèse, née à Toulon, bapt. le
        8 août 1715 (7) ;

     G. Marie-Anne-Françoise, née à Toulon, baptisée
        le 1er déc. 1722 (8) ;

   7. Jeanne, née vers 1653 ; fit donation, étant veuve, le 1er

---

(1) Ste-Marie.

(2) Née vers 1693, mourut à Toulon (Ste-Marie), le 29 sept. 1746.

(3) Parr., Joseph-Paul de ROCHEMORE ; marr., Jeanne THOMAS de Ste-Marguerite de la
Garde.

(4) Parr., Hyacinthe CATELIN de la Garde ; marr., Thérèse CATELIN de la Garde.

(5) Parr., Jules THOMAS de la Garde, bar. de Ste-Marguerite ; marr., Anne MAZEROD (son
épouse).

(6) Suivant Artefeuil, qui ne donne pas son prénom.

(7) Parr., Joseph CATELIN de la Garde ; marr., Thérèse CATELIN de la Garde.

(8) Parr., Charles-Joseph-Paul THOMAS, bar. de Ste-Marguerite ; marr., Françoise de
MONTOLIEU.

avril 1730 (1), à son fils Hyacinthe CATELIN, et mourut
à Toulon (2), le 20 avril 1733. Elle avait ép., suiv.
contrat du 5 fév. 1673 (3), Joseph CATELIN, fils de Jean,
csgr de la Garde, et de Catherine BEAUSSIER ;

8. Françoise, légataire au test. de son frère Jean, du 29
juin 1733.

XIX. Jules-César THOMAS, baron de Ste-Marguerite, csgr de
la Garde, etc. ; avocat, reçu, le 17 janv. 1699 (4), lieut. général
civil et criminel en la Sénéchaussée au siège de Toulon, en
remplacement de Joseph SAQUI ; parr., à Toulon, le 2° .
1704, de Jean-Jules THOMAS, fils de François et de Isabe..t
PAYRON ; fut émancipé, le 19 fév. 1706 (5) ; prêta hommage, pou.
Ste-Marguerite, les 24 nov. 1711 (6) et 20 sept. 1719 (7), et
mourut de la peste, en 1720 (8). Il avait ép., à Marseille (9), le 11
sept. 1696 (10), Anne MAZENOD, sa cousine germaine, fille de f.
Charles, sgr de Beaupré, et de Jeanne THOMAS de Ste-Marguerite;

(1) Aubert, not. à Toulon (insin. Toulon, 1105).

(2) Ste-Marie.

(3) Mollinier, not. à la Garde (ou Toulon) (insin. Toulon, 611).

(4) Insin. Toulon, 1098.

(5) Mourchou, not. à Toulon (insin. Toulon, 2302).

(6) Arch. B.-du-Rhône, B, 803, f° 69.

(7) Ibid., f° 214.

(8) Le 26 fév. 1723 (insin. Toulon, 001). Joseph MARTELLY-CHAUTARD fut reçu en l'office
de lieut. gén. en la Sénéchaussée au siège de Toulon, en remplacement de Jules-César
THOMAS de Ste-Marguerite, décédé.

(9) St Ferréol.

(10) Le père de l'époux ne voulut pas assister au mariage, quoiqu'en ayant été sommé
diverses fois.

d'où : 1. Charles-Joseph-Paul, dont l'article suit :

2. Ange-Vincent, né à Toulon (1), le 21 déc. 1701, bapt. le 24 du même mois (2), mourut à Toulon (1), le 17 juil. 1705 ;

3. Marie-Blanche-Paule, née à Marseille, ondoyée le 22 juin 1697, baptisée à Toulon (1), le 12 mars 1706 (3), mourut à Aix (4), le 23 juin 1735, et fut ensevelie le lendemain à St-Sauveur. Elle avait ép., le 20 juin 1716, Jean-Baptiste des MARTIN de Puyloubier, fils de Louis et de Anne de GLANDEVÈS de Cuges ;

4. Marie-Anne, née à Marseille (5), le 2 juil. 1698, ondoyée le lendemain, bapt. le 20 août 1707 (6) ;

5. Françoise-Geneviève, née à Marseille, le 8 juil. 1699, ondoyée le lendemain, baptisée (5) le 20 août 1707 (7).

XX. Charles-Joseph-Paul THOMAS, baron de Ste-Marguerite et de la Garde, né à Marseille (5), le 11 mai 1700, baptisé le lendemain (8) ; prêta hommage pour Ste-Marguerite, le 15 fév. 1723 (9) ; fut reçu, le 13 fév. 1730, président à la Cour des

---

(1) Ste-Marie.

(2) Parr., Ange de RICARD ; marr., Jeanne THOMAS de la Garde.

(3) Parr., Joseph-Charles VALLAVIEILLE, archidiacre de l'église cathédrale de Toulon, représenté par n. Joseph ISNARD ; marr., Louise-Magdeleine LEVASSEUR-VALLAVIEILLE.

(4) St-Esprit.

(5) St-Martin.

(6) Parr., François d'ARÈNE ; marr., Marie de GRIMAUD.

(7) Parr., François d'ARÈNE ; marr., Françoise THOMAS, religieuse de l'ordre de Citeaux, à Hyères.

(8) Parr., Charles-Joseph-Paul MAZENOD, écr de Beaupré ; marr., Jeanne THOMAS.

(9) Arch. B.-du-Rhône, B, 803, f° 232.

Comptes, Aides et Finances de Provence (1), en l'office de Joseph-
François des ROLLAND ; fit son test., le 19 juin 1766 (2), par
lequel il lègue une pension à sa nièce Aymarre de CATELIN,
chanoinesse de l'abbaye d'Hyères ; 24.000 l. à son neveu Louis-
César des MARTIN de Puyloubier ; 1.200 l. à son neveu Charles-
Alexandre MAZENOD ; l'usufruit de ses biens à son épouse et
institue pour héritier l'aîné des enfants mâles de f. Joseph-
François THOMAS de la Valette ; mourut à Toulon (3), le 8 oct.
1767 et fut enseveli le surlendemain à la Garde, près Toulon,
dans le tombeau de la chapelle de sa famille. Il avait ép., à
Eguilles, le 6 août 1724, Anne-Aimarre BOYER d'Eguilles (4),
fille de Pierre-Jean, m^is d'Argens, et d'Angélique LENFANT ;
d'où : 1. Joseph-Jules-César, né à Toulon, le 11 janv. 1727 (5),
       mourut en bas âge ;

    2. Melchior-Jean-Baptiste-Auguste-Jules-César, né à
       Toulon (3), ondoyé le 25 août 1731, bapt. le 15 sept. de
       la même année (6), mourut en bas âge ;

    3. Thérèse-Marie-Anne, née à Toulon (3), le 2 avril 1728
       (7), mourut à Toulon (3), le 25 août suivant.

(1) Arch. B.-du-Rhône, B, 125 (h. Rostille); f° 91.

(2) Bouteille, not. à Aix.

(3) Ste-Marie.

(4) Mourut, à Toulon, le 19 mai 1791.

(5) Parr., André Ricoux ; marr., Gabrielle Cadière.

(6) Parr., Melchior THOMAS de Pierrefeu, commandant garde-côtes d'Hyères ; marr.,
Marie-Anne de MONTOLIEU.

(7) Parr., Pierre-Jean BOYER d'Eguilles, proc. gén. au Parl. ; marr., Thérèse BAYAY
ép. (François-Paul-Honoré) THOMAS de la Valette.

BRANCHE
DES MARQUIS DE LA GARDE

XV. Gaspar Thomas de Ste-Marguerite, esgr de la Garde (1), second fils d'*autre* Gaspar et de Claude de Glandevès, sa première femme, né le 20 déc. 1542 ; fit donation à son frère,

(1) La seigneurie de la Garde-lez-Toulon vint aux Thomas par pièces et morceaux, sans qu'aucun d'eux l'ait jamais possédée en plein.

Guillaume Gaufridi avait prêté hommage, pour la Garde, le 1er oct. 1399 (arch. B.-du-Rhône, B, 769 *bis*, f° 121).

Hélion de Glandevès, sgr de Faucon, reçut, de la reine Yolande, donation de la Garde-lez-Toulon, le 5 mars 1420 (arch. B.-du-Rhône, B, 10, R. *Crucis sire Nort*, f° 78), et en fut peut-être seigneur en plein ; mais, après lui, cette seigneurie se divisa entre ses descendants mâles et filles. On trouve, le 26 juil. 1480, hommage de Jean de Glandevès, fils d'Hélion, pour la Garde et la Valette (arch. B.-du-Rhône, B, 78), f° 217).

Le 10 janv. 1540, hommage de Boniface de Pontevès, sgr de Giens (époux de Louise de Glandevès, fille de Jean), pour la Garde, la Valette, Giens (arch. B.-du-Rhône, B, 785, f° 107) ; le 5 fév. 1549, hommage du même pour les mêmes sgries et pour Baudouvin (arch. B.-du-Rhône, B, 781, f° 319). Gaspar Thomas eut portion de la Garde par son mariage avec Claudine de Glandevès, en 1531, et ses descendants en acquirent la plus grande partie. On trouve pourtant, en 1543, Victor d'Antiques, esgr de la Garde, par les droits qu'il avait acquis de Louise de Glandevès. Le 15 juin 1560, hommage par Pierre de Pontevès (fils de Boniface), pour la Garde, Giens et la Valette (*ibid*, 791, f° 126).

Le 24 mai 1604, hommage de François Chabert, pour partie de la Garde *(ibid*, 796, f° 16).

Le 13 mars 1665, hommage de Jean Catelin *(ibid.*, 796, f° 17), pour partie aussi (20 heures 15 minutes de juridiction), qu'il avait achetée de François-Félix Audibert, avocat. Le 26 fév. 1658, hommage de la communauté pour partie *(ibid.*, f° 3). Le 27 juil. 1719, hommage, pour partie, de Joseph Catelin, petit-fils de Jean, ci-dessus *(ibid.*, 803, f° 161), etc...

On peut voir pour plus de détails sur cette localité l'intéressante *Notice historique et statistique sur la commune de la Garde-près-Toulon,..... par M. Charles Ginoux. Toulon, A. Isnard et Cie, 1885, in-19.

Antoine, le 4 mars 1579 (1) ; acheta, en 1580, partie des biens
que Pierre de PONTEVÈS possédait à la Garde ; fit donation, le
13 fév. 1593 (2), à ses fils Jean et Nicolas ; fit son test., le 29
juin 1602 (3), et mourut avant le 3 oct. 1605. Il avait ép., suiv.
contrat du 21 août 1579 (4), Lucrèce ARBAUD (5), fille de Jacques,
procureur général en la Cour des Comptes, et de Anne MARQUÉS ;
d'où : 1. Jean (6), dont l'article suit ;

    2. Nicolas, reçut donation de son père le 13 fév. 1593 (2) ;

    3. Jeanne, ép., suiv. contrat du 3 oct. 1600 (7), François
       EMENJAUD, fils de f. François, esgr de Néoules et de
       Signes, et de Catherine REBIOL ;

    4. Catherine, marr. à Toulon, le 26 juin 1631, ép., suiv.
       contrat du 29 janv. 1615 (8), Pompée de SIGAUDY, éc.,
       fils d'Elzéar et de Jeannette BLANCHARD, de la ville de
       Manosque.

(1) Tassy, not. à Toulon (insin. d'Hyères, 307). Il y est dit fils de Claude de GIRAUDIS.

(2) Chabert, not. à la Valette (insin. d'Hyères, 401).

(3) Garally, not..

(4) Galbert, not. à Hyères (insin. d'Hyères, 883).

(5) Assistée par Jean ARBAUD, son frère. Elle était veuve, en 1er noces, de Jean REVBRO,
bourgeois d'Hyères.

(6) Artefeuil ne donne pas le prénom de ce fils et déclare ne pas connaître sa femme ; il
leur attribue un fils Gaspar, époux de Françoise d'ANCEZUNE. Tout cela doit être faux.
Nous n'avons trouvé nulle trace de ce Gaspar, ni de sa femme Françoise, et le contrat de
mariage d'Auguste THOMAS dit expressément qu'il était fils de Jean et de Marguerite
d'ANCEZUNE, de même que celui de Jean dit qu'il était fils de Gaspar et de Lucrèce ARBAUD.

(7) Aug. Mourchou, not. à la Garde (insin. d'Hyères, 1606-11, f° 17). Présents : Jean
THOMAS, esgr de la Garde, et Nicolas THOMAS, bar. de Ste-Marguerite, frère et oncle de
la future.

(8) Garelli, not. à Toulon (insin. d'Hyères, 70).

XVI. Jean THOMAS, sgr de la Garde et de Ste-Marguerite, csgr de la Valette ; vendit, le 20 nov. 1616, à la communauté de la Valette, et pour la somme de 1.225 l., les trois semaines de haute juridiction qu'il avait en cette sgrie ; fut maintenu dans sa noblesse suiv. jugement du 31 déc. 1667, rendu par MM. les commissaires députés par le Roi à la recherche des faux nobles en Provence ; il avait ép., suiv. contrat du 17 mai 1613 (1), Marguerite ANCUSSIA d'Esparron (2) ;

d'où : 1. Auguste, dont l'article suit ;

>   2. François, fut fait prisonnier à Naples et se racheta moyennant 1.200 l. ; commandant du régiment d'Angoulême, fut tué à l'armée de Catalogne ;

>   3. Jean, reçu chev. de St-Jean-de-Jérusalem, en 1638 (ou 1639), fut tué à la guerre ;

>   4. *N...*, chev. de St-Jean-de-Jérusalem, tué à la guerre ;

>   5. Thérèse, ép., suiv. contrat du 4 sept. 1660 (3), Jean-Baptiste JARENTE (4), éc., fils d'André et de Sibylle DAMIANS du Vernègue.

XVII. Auguste THOMAS, chev., mis de la Garde-lez-Grasse et la Garde-lez-Toulon, baron de Cipières, Caussols, sgr de Gandelet (ou Gaudelet) (5), le Loubet, Villeneuve (6), etc. ; fut

---

(1) Boyer, not.

(2) Mourut avant le 5 sept. 1661 (mariage de son fils Auguste).

(3) Molinier, not. à la Garde (insin. Marseille, 1547).

(4) Il avait ép., en 1res noces, en 1658, Anne d'Armand de Mison.

(5) Ancien Castrum, sur le territoire duquel a été bâtie la tour de Villeneuve. Voy. *Le Gandelet* par M. F. A. Brun. *Annales de la soc. des lettres...des Alpes-Maritimes*, VIII, 100.

(6) On croit que Villeneuve fut donné par le cte de Provence en apanage à Romée de VILLENEUVE, malgré, dit M. de Panisse, que, contrairement à l'opinion commune, cette

pourvu, par lettres du 24 mars 1662, d'un office de président à mortier au Parlement de Provence, en suite de la démission de Pierre de Cormis, résignataire, sans avoir été reçu, de Louis de Cormis, son père, et fut reçu lui-même, le 26 mai suiv., avec dispense, par le Roi, d'âge, du service et du fait de judicature, en raison de ses services militaires et de ceux de ses aïeux. La Cour introduisit la clause qu'il ne pourrait présider de trois ans, mais lui permit l'entier exercice de sa charge, dès le 5 oct. 1664; prêta hommage, pour la Garde-lez-Toulon, le 11 janv. 1673 (1); acquit, par acte passé à Dijon, le 28 nov, 1678 (2), en l'hôtel de Nicolas Brulart, 1er présid. au Parl. de Bourgogne, les terres

terre ne soit pas nommée parmi celles dont Raymond-Bérenger fit don à Romée, le 7 fév. 1230. Quoi qu'il en soit, Romée, dans son test. du 15 déc. 1250, ordonna de vendre ce château pour payer ses dettes. Le c⁰ de Provence le retint en payement de ce qui lui était dû. Villeneuve devint alors le siège d'un bailliage royal, souvent réuni à ceux de Vence et de St-Paul, et eut de nombreux gouverneurs au nom du Roi, les Grimaldy, de Lettes, de Grasse, etc., jusqu'au 13 janv. 1400, que la reine Yolande en fit don à Antoine de Villeneuve, sgr de Flayose. Celui-ci le vendit, le 6 déc. 1437 (Pierre Frumenti, not. à Antibes), à Pierre de Vintimille-Lascaris, fils du c⁰ de Tende, pour le prix de 500 flor. d'or, acquisition ratifiée par le roi René, suiv. lettres du 29 janv. 1438, joignant au domaine utile le don du fief en toute propriété pour ledit Pierre et ses descendants mâles et femelles. Anne de Vintimille, en épousant René, bâtard de Savoie, lui apporta dans son riche patrimoine Villeneuve et toutes les terres environnantes, qui, acquises plus tard par les Thomas, ont ensuite passé aux Marx de Tripoli de Panisse-Passis. Ceux-ci les possèdent encore aujourd'hui. Du reste, ce petit fief était plus important par le château dont il portait le nom que par l'étendue et la valeur de son territoire. Une requête adressée par la communauté au Parlement, en 1611, déclare qu'il n'a pas plus de 800 pas de largeur et de 2.800 pas de longueur. C'était un démembrement du Candelet.

(1) Arch. B.-du-Rhône, B, 701, f° 100.

(2) Jarry, not. à Dijon.

et seigneuries de Villeneuve, la Garde-lez-Grasse et Loubet (1),

(1) Le Loubet, qui fait partie aujourd'hui de la commune de Villeneuve, était jadis un fief distinct de celui-ci et du fief de la Garde auquel il est contigu, et séparé de celui de Villeneuve par la rivière du Loup.

Le 28 juin 1300, le Loubet fut donné en fief noble, mais à vie, à Philippe de MANILIO par Charles II, comte de Provence.

En 1333, Jean BLASI, chirurgien de Marseille, en avait l'usufruit sa vie durant.

Le 18 oct. 1357, il fut inféodé à Raymond MARQUESAN, gentilhomme niçois, par la reine Jeanne.

Le 30 nov. 1385, Marc de GRIMALDI en reçut l'inféodation de la reine Marie. Georges et Honoré de GRIMALDI, ses fils, possédèrent le Loubet par indivis. Georges eut trois filles : Catherine, Salvagine, Barthélemye.

Honoré, n'ayant pas eu d'enfant, laissa l'usufruit de sa moitié de cette terre à Mariette de BOLLIERS, sa femme, et, après elle, en légua la propriété à Honoré et Louis de VINTIMILLE-LASCARIS, fils de Pierre, sgr de Villeneuve, ses petits-neveux, comme fils de Catherine de GRIMALDI, celle-ci fille de Georges de GRIMALDI, son frère.

En sorte que les enfants de Catherine et, après eux, les comtes de Tende et leurs successeurs réunirent les deux tiers du fief, joints depuis lors à celui de Villeneuve, ainsi que la douzième portion de l'autre tiers acquise, en 1511, par Françoise de FOIX, comtesse de Tende, d'Honoré de RODULPH, sire de Limans.

Barthélemye de GRIMALDI, 3e fille de Georges et d'Isabelle de FIESQUE, hérita de sa sœur Salvagine, et ép. Nicolas de CEVE ; d'où : Jean de CEVE, époux de Marguerite de GRASSE ; d'où : Catherine de CEVE, mariée, le 19 mai 1544, à Pierre de RAYNAUD, sgr de St-Tropez, en partie d'Antibes et du Loubet ; d'où : Françoise de RAYNAUD, mariée, le 19 déc. 1560, à Henri de GRASSE. Celui-ci réunit, par échange ou acquisition, les biens qui forment Vaugrenier, partie du Loubet.

Les descendants d'Henri de GRASSE vendirent Vaugrenier, en 1639, à l'abbé Raynaud de LAURENS. Procès étant survenu pour la juridiction, en décembre 1685, entre Auguste de THOMAS et les MM. de LAURENS, il continua sous Henri de THOMAS et ne fut terminé qu'au bout de 64 ans, par l'acquisition de la terre de Vaugrenier, faite le 27 mars 1749 (Étienne, not. à Aix), par Joseph-Charles (MANK de Tripoli) de Panisse-Passis, héritier des marquis de THOMAS et, en cette qualité, sgr de Villeneuve et du Loubet (Archives du château de Villeneuve, nos 59, 72 bis, 270). [Le mis de Panisse-Passis, Villeneuve-Loubet et ses seigneurs, 15, note].

que les enfants de Léon de BOUTHILLIER, c^te de Buzançais, lui
vendirent pour le prix de 132.000 livres tournois (1), et en prêta
hommage, le 7 mars 1679 (2) ; acquit ensuite, par acte passé à
Paris, le 2 sept. 1689, la baronnie de Cipières (3), que lui vendit
Gaston-Jean-Baptiste de BOUTHILLIER, m^is de Chavigny, un des
enfants dudit Léon, pour le prix de 105.000 livres tournois ;
obtint, du Roi, l'érection en marquisat de la baronnie de la
Garde-lez-Grasse avec adjonction des sgries de la Garde-lez-
Toulon (4), Cipières et Caussols (5), par lettres patentes du mois
de juin 1690 (6) ; prêta hommage pour Cipières et Caussols, le

(1) Les mêmes terres jointes à celle de Cipières, avaient été achetées par Léon de
BOUTHILLIER, le 30 Janv. 1611, au prix de 180.500 livres tournois, aux enchères publiques
de la discussion des biens de la famille de LORRAINE-Mayenne, héritière des c^tes de Tende,
descendants de René, bâtard de SAVOIE.

(2) Arch. B.-du-Rhône, B, 797, f° 13.

(3) La baronnie de Cipières était formée des deux seigneuries de Cipières et Caussols.
Séparées anciennement, elles furent réunies dans la maison d'AGOULT, dès avant 1370. Cette
baronnie passa ensuite dans la maison de BOULIERS, et Antoine-René de BOULIERS, v^te de
Reillane, la vendit, pour 12.000 écus d'or, à René de Savoie, c^te de Tende, le 7 nov. 1510
(Georges Barcillon et Paul Guiguonis, not. à St-Paul-les-Vence). Après avoir été plusieurs
fois l'apanage des cadets dans les maisons dont les aînés possédaient Villeneuve et la
Garde, cette baronnie vint des THOMAS aux MARI de Tripoli de Panisse-Passis. Dans ces
derniers temps, le m^is (Gaston) de Panisse vendit la terre de Caussols, le 8 avril 1815 (Sauvaire,
not. à Grasse), aux dames de la Visitation, établies à Grasse, et celle de Cipières à divers
particuliers, en 1831 et années suivantes (m^is de Panisse-Passis, Villeneuve-Loubet et ses
seigneurs, pr.. 43 notes).

(4) Il n'avait probab. qu'une portion de cette sgrie, puisque d'autres membres de sa
famille prenaient aussi le titre de sgr de la Garde.

(5) Ces deux lettres ne faisaient qu'une même seigneurie et communauté.

(6) Ces lettres furent vérifiées et enregistrées au Parlement, le 12 mars 1691 ; mais à la
Cour des Comptes, seulement après la mort de l'impétrant et sur la présentation de son fils

30 du même mois (1) ; fit fonction de second président après la
mort de Pierre CORIOLIS, m¹ˢ d'Espinousse, en 1692 ; fit son
test., le 6 mai 1697 ; mourut à Aix (2) et fut enseveli, le 25 avril
1698, aux Grands-Carmes (3). Il avait ép., à Aix (2), le 4 sept.
1661, suiv. contrat du lendemain (4), Claire ANDRÉ (5), fille aînée
de Jacques, cons. au Parlement, et de Madeleine ANDRÉ (6) ;
d'où : 1. Jean, né vers 1664, mourut à Aix (2), et fut enseveli, le
    2 mai 1665, à la Trinité ;

  2. Pierre-Jean, né à Aix (7), bapt. le 19 janv. 1665 (8) ;

  3. Henri, dont l'article suit ;

  4. Jean-Joseph, baron de Cipières et Caussols, né le 15

Henri, par arrêt du 16 mai 1699 (arch. B.-du-Rhône, B, 116, reg. *Propheta*, f° 165 v°).
Elles disent qu'il y a dans la famille THOMAS, au moment de leur rédaction, 13 branches
diverses, 30 chev. de Malte et 6 commandeurs.

(1) Arch. B.-du-Rhône, B, 797, f° 71.

(2) Sᵗᵉ-Madeleine.

(3) Son portrait et celui de son fils Henri, peints par Vialli et gravés par Coussin, ont été
reproduits dans : *Villeneuve-Loubet et ses seigneurs.*

(4) Boutard, not. à Aix (insin. Toulon, 407). Témoins du futur : Louis de Sᵗ-Marc et
Pierre Debosse, cousins germains (ses cousins par Diane Arbaud, leur mère) ; et de la
future : Jean-Pierre d'Orgon de Puymichel.

(5) Mourut après 1729.

(6) Artefeuil se trompe en disant : Jacques ANDRÉ, époux de Marguerite VITALIS, qui
était en réalité sa belle-mère. Jacques ANDRÉ, alors procureur au siège de Brignoles (fils
de Balthasar, éc. de Lorgues, et de Marguerite de CHATEAUNEUF), avait ép., à Aix (Sᵗᵉ-
Madeleine), le 23 mai 1635, Madeleine ANDRÉ, fille de Jacques, trésorier général de France,
et de Jeanne VITALIS. Sa fille cadette Thérèse, née après le mariage de sa sœur Claire,
n'avait que 10 ans lorsqu'elle ép., à Aix (Sᵗᵉ-Madeleine), le 4 juin 1682, Joseph BARON,
conseiller au Parlement, fils de f. Gaspard et de f. Gabrielle de VINTIMILLE.

(7) Sᵗ-Sauveur.

(8) Parr., Pierre-Jean d'ORGON, sgr de Puymichel, trésorier général de France ; marr.,
Madeleine d'ANDRÉ.

juin 1677, bapt. à Solliès (1) ; prêta hommage pour
Cipières et Caussols, le 1ᵉʳ déc. 1698 (2) ; et encore,
avec la Garde-lez-Toulon, le 28 sept. 1719 (3) ; mourut,
à Cipières, le 5 mai 1735, et fut ensev. le lendemain au
plus haut de l'église, au pied des degrés du presbytère ;
S. P. ;

5. Marguerite, née à Aix (4), bapt. le 28 août 1666 (5) ;

6. Madeleine, mourut à Aix et fut ensev., le 26 nov. 1666,
à la Trinité.

XVIII. Henri Thomas, chev., mⁱˢ de la Garde-lez-Grasse,
bar. de Cipières, Caussols, la Garde-lez-Toulon, sgr de Villeneuve, Loubet, Gandelet, etc., né, à Aix (6), le 11 mai 1672, bapt.
le lendemain (7) ; fut reçu, le 9 mai 1694, cons. au Parlement de
Provence en une charge créée ; prêta hommage pour Villeneuve,
la Garde, Loubet et Gandelet, le 16 mai 1699 (8) ; démissionna,
en 1727 ; fut le protecteur de Joseph Bonnet, avocat, qui lui
dédia son *Recueil d'arrêts ;* fut remarqué par sa libéralité envers
les pauvres, principalement pendant la peste de 1720 (9) ; prêta

(1) Parr., le mᵗ (Forbin) de Solliès ; marr., mad. de Solliès, abbesse de Sᵗᵉ-Claire, à
Hyères.

(2) Arch. B.-du-Rhône, B, 797, fᵒ 179.

(3) *Ibid.*, 803, fᵒ 189 vᵒ.

(4) St-Sauveur.

(5) Parr., Jacques d'André, conseiller au Parlement ; marr., Jeanne d'André de Puymichel.

(6) Sᵗᵉ-Madeleine.

(7) Parr., Henry Thomas de la Valette, commandeur du grand et petit St-Jean-de-
Montpellier ; marr., Isabeau de Toros.

(8) Arch. B.-du-Rhône, B, 797, fᵒ 168.

(9) *Gazette de France,* samedi 24 mai 1791.

hommage pour les terres susdites et en plus pour Banon, la
Rochegiron, Saumane et l'Hospitalet (1) ; hérita de son frère, le
baron de Cipières ; prêta hommage pour Cipières, Caussols et la
Garde-lez-Toulon, le 28 mai 1736 (2) ; puis pour Carqueirane, le
10 oct. 1738 (3) ; mourut *intestat* (4), à Grasse, le 20 déc. 1741,
et fut ensev. à Cipières. Sa riche succession, qu'on évaluait à
80.000 l. de rente, vint ainsi à sa plus proche parente, Magdeleine
BALON de St-Julien, sa cousine germaine, épouse de César
MARK de Tripoli de Panisse-Passis (5), fille de Joseph BALON et
de Thérèse ANDRÉ (cette dernière, sœur de la mère de Henri
THOMAS). Il avait ép., à Banon (viguerie de Forcalquier), suiv.
contrat du 21 août 1696 (6), Marie-Anne de SIMIANE de Moncha,
dame de Banon, Saumane et la Roche-Giron, fille d'Edme-Claude
et de Anne-Claude-Renée de LIGNEVILLE ; S. P..

(1) Arch. B.-du-Rhône, B, 803, f° 390.

(2) *Ibid.*, 805, f° 86.

(3) *Ibid.*, 805, f° 96.

(4) Il fit pourtant un codicille, le 19 déc. 1741, veille de sa mort, par lequel il laissa
150.000 livres aux pauvres.

(5) Aux termes des lettres d'érection en marquisat des terres de la Garde et autres en
faveur d'Auguste THOMAS de la Garde, ce titre se trouvait perdu par le décès sans postérité
de Henri THOMAS, son fils. La famille de Panisse obtint, le 15 fév. 1743, une nouvelle
érection de ces mêmes terres en marquisat. Elle les possède encore presque toutes aujour-
d'hui, et le château de Villeneuve vient d'être restauré avec le plus grand soin. Une
monographie des plus intéressantes en a été publiée avec luxe par le m^s de Panisse,
propriétaire actuel, sous le titre de : *Villeneuve-Loubet et ses seigneurs*. Paris, Firmin-
Didot, 1893, in-4°, 193 p. et 15 gr. (tiré à 80 exemplaires, non mis dans le commerce).
Nous y avons puisé bien des renseignements que nous n'aurions pu trouver ailleurs.

(6) Guinn, not. à Aix. Acte passé à Banon par autorisation du Parl., du 17 août 1696.

BRANCHE

DES SEIGNEURS DE LA VALETTE

XV. Antoine (1) THOMAS de Ste-Marguerite, sgr de Baudouvin, Châteauneuf, csgr de la Valette, etc., fils puîné de Gaspar, sgr de Ste-Marguerite, et de Marguerite SEYTRES de Caumont, sa 2e femme ; avait moins de 14 ans, en 1566 (2) ; géra l'économat de l'évêché de Toulon, suiv. lettres du 20 mars 1593 (3) ; prêta hommage pour Châteauneuf-le-Rouge, la Valette et la Garde, le 15 déc. 1596 (4) ; fit son test., le 27 nov. 1604 (5), par lequel il lègue à sa femme, l'usufruit de tous ses biens ; à sa fille Marguerite, sa dot quand elle se mariera ; à son fils Barthélemy, la sgrie de Châteauneuf ; institue pour héritier, son fils Henri, lui substituant Barthélemy, son autre fils, puis à celui-ci, Marguerite, sa fille, et mourut avant le 5 sept. 1610 (6). Il avait ép., suiv. contrat du 4 déc. 1581 (7), Isabelle des BALBS

(1) Artefeuil le nomme à tort *Pierre*, lui donnant pour fils François, qui était en réalité son petit-fils, et omettant ainsi le degré d'Henri.

(2) Test. de son père.

(3) Insin. d'Hyères, 530.

(4) Arch. B.-du-Rhône, B, 707, f° 189.

(5) Antoine Ricard, not. à la Valette (Bibl. Nat., cabinet des titres). Exécuteurs testamentaires : Magdelon THOMAS, sgr d'Evenos ; Louis THOMAS, sgr de Val-Dardenne ; Bernard NAS, sgr de Tourris, ses parents.

(6) Mariage de sa fille Marguerite.

(7) Louis Barrier, not. à Avignon (Bibl. Nat., cabinet des titres). La future assistée de ses frères Gilles, Jean et Thomas BRAYON (Louis, son autre frère, dit *le brave CRILLON*, était probabl. absent pour le service du Roi), et de sa mère Jeanne GRILLET. Sa dot lui fut constituée contre renonciation aux biens de f. Gérard GRILLET, son oncle. Présents : François FOGASSE et Richard PERUSSIS, chev. de l'ordre du Roi, cousin de la future.

BERTON (1), fille de f. Gilles, baron de Crillon, et de Jeanne
GRILLET de Brissac ;

d'où : 1. Henri, dont l'article suit ;

2. Charles, né jumeau à Aix (2), bapt. le 16 fév. 1586 (3) ;

3. Horace, né jumeau à Aix (2), bapt. le 16 fév. 1586 (4);

4. Barthélemy, tige des sgrs de Châteauneuf, rapportés
plus loin ;

5. Marguerite, légataire de son père et de sa mère, fit son
test., le 5 nov. 1658 (5), par lequel elle lègue à Melchior
et François THOMAS, ses neveux, fils de Barthélemy,
sgr de Châteauneuf, 6.000 l. à chacun, et institue pour
héritier *autre* François THOMAS, son neveu, fils de
Henri, sgr de la Valette. Elle avait ép., suiv. contrat

(1) Elle fit son test., le 13 mai 1696 (Pierre Deydier, not. à Toulon, Bibl. Nat., cabinet
des titres), par lequel elle lègue à sa fille Marguerite THOMAS, à Henri THOMAS, son petit-
fils et filleul, fils de f. Henri, aux frères et sœurs dudit Henri, ses petits-enfants, nés et
à naître de sa belle-fille enceinte, et institue héritier par moitié Barthélemy THOMAS, son
fils, et François THOMAS, son petit-fils, fils de f. Henri ; fit un codicille, le 8 juin 1632
(Jean Chabert, not. à la Valette), et un autre test., le 28 déc. 1611 (même not., Bibl.
Nat., cabinet des titres), par lequel elle élit sa sépulture en l'église paroissiale de la
Valette, lègue à Henri, Suzanne, Lucrèce, Marguerite et Anne THOMAS, enfants de son
fils Henri, à son autre fils Barthélemy THOMAS, à sa fille Marguerite, institue pour hériter
son petit-fils François THOMAS, fils de f. Henri, lui substituant son propre fils Barthélemy
THOMAS. Exécuteurs testamentaires : Louis NAS de Tourris et Jean-Barthélemy THOMAS
d'Orves, ses parents. Elle vivait encore le 16 mai 1611 (test. de sa p¹⁰-fille Anne THOMAS).

(2) Ste-Madeleine.

(3) Parr., Charles THOMAS, sgr de St-Martin-de-Pallières ; marr., Jeanne (GARDE) de
Vins, dame de Solliès.

(4) Parr., Horace de PANTISSON, sgr du Revest ; marr., Marguerite de St-MICHEL, dame
de Beaujeu.

(5) Darbès, not. à Aix (Bibl. Nat., cabinet des titres).

du 5 sept. 1610 (1), Arnaud BERMOND (2), fils de
Boniface, sgr de Pennafort, Esclans, etc., et de Catherine
GARNIER de Montfuron.

XVI. Henri THOMAS, sgr de Châteauneuf, esgr de la Valette,
etc., né à Aix (3), le 31 janv. 1585, bapt. le 25 mars suiv. (4),
héritier de son père ; assista, le 5 sept. 1610, au contrat de
mariage de sa sœur Marguerite ; prêta hommage pour la Valette,
le 18 fév. 1611 (5) ; vendit, le 20 oct. 1614 (6), conjointement avec
Gaspar THOMAS, bar. de Sᵗᵉ-Marguerite, à la communauté de la
Valette, les droits de hauts justiciers qu'ils avaient respectivement audit lieu, se réservant de porter le titre de *sieur* de la
Valette, sa vie durant, et moyennant pour lui 8.700 l.; désempara
à son frère Barthélemy, le 24 nov. 1614 (7), la terre de Châteauneuf-le-Rouge, en payement de ses droits sur l'héritage de leur
père, et mourut peu avant le 11 mai 1626 (8). Il avait ép. (9),

(1) Robert Baudoin, not. à Châteauneuf (insin. d'Hyères, 530).

(2) Mourut le 7 mai 1653.

(3) Sᵗ-Sauveur.

(4) Parr., Henri de VALOIS, duc d'Angoulême, gᵈ prieur de France, gouverneur pour le
Roi en Provence, amiral général de la mer du Levant ; marr., Isabelle de CHÂTEAUNEUF,
présidente, femme de Robert de MONTCALM.

(5) Arch. B.-du-Rhône, B, 793, fᵒ 119.

(6) Honoré Ricard, not. à la Valette.

(7) Beaudoin, not. à Aix.

(8) Test. de sa femme.

(9) Moyennant dispenses données, le 5 juil. 1607 (Bibl. Nat., cabinet des titres), par
bulles du pape Paul V, pour parenté au 2ᵉ degré du côté paternel et au 3ᵉ degré du côté de
Marguerite SEYTRES, aïeule commune, annexées au greffe du Parlement d'Aix, le 14 juil.
suivant.

suiv, contrat du 19 juil. 1607 (1), Charlotte Thomas (2), sa cousine germaine, fille de Nicolas, baron de St-Marguerite, et de Marguerite (Vincens) d'Agoult de Rognes ;

d'où : 1. François, dont l'article suit ;

> 2. Henri, légataire de 3.000 l. au test. de sa mère du 11 mai 1626 ; présenté à Malte, en 1630, reçu chev. de St-Jean-de-Jérusalem, sur preuves terminées à Manosque (3), le 28 avril 1631 (4) ; fit son test., le 3 janv. 1634 (5), par lequel il lègue à Isabeau Berton de Crillon, son aïeule, et institue pour héritier François Thomas, son frère, lui substituant Barthélemy Thomas de Châteauneuf, son oncle, nommant exécuteur testamentaire Jean Thomas, sr de la Garde, son oncle ; commandeur de Montpellier et de Condat (6) ; mourut, à Montpellier, le 12 nov. 1696 ;

> 3. Isabeau, reçue religieuse au monastère de St-Pierre de la Manarre, à Hyères, le 5 fév. 1625 ; eut un legs de 30 l. au test. de sa mère et vivait audit couvent, le 2 oct. 1634 (7) ;

> 4. Suzanne, eut en dot 2.400 l. à son entrée au couvent de St-Pierre de la Manarre, le 24 oct. 1622 (8) ; eut un legs

(1) Mourchou, not. à la Garde (insin. d'Hyères, 479).

(2) Fit son test., le 11 mai 1626, puis un codicille, le 30 juin suiv., et mourut avant le 22 janv. 1630 (donation de sa fille Suzanne à François Thomas, frère de celle-ci).

(3) A cause de la peste qui sévissait à Arles, siège du gd prieuré de St-Gilles.

(4) Bibl. Nat., cabinet des titres.

(5) Jean Chabert, not. à la Valette.

(6) En Périgord.

(7) Commandaire, not. à Hyères (insin. d'Hyères, 14).

(8) Antoine Bouge, not. à Hyères (Bibl. Nat., cabinet des titres).

de 30 l. au test. de sa mère ; fit donation à son frère François THOMAS, le 22 janv. 1630 (1) ; et le même jour fit sa profession audit couvent de St-Pierre ; eut un legs au test. de son aïeule Isabelle BERTON de Crillon, du 28 déc. 1641 (2) ;

5. Rosanne, légataire de 300 l. au test. de sa mère ; reçue religieuse bénédictine au monastère de Nazareth, à St-Zacharie, le 23 juin 1632 (3) ; fit son test., le 22 oct. 1633 (4), par lequel elle institue pour héritier son frère François THOMAS, lui substituant Henri THOMAS, son autre frère, et après lui Gaspard THOMAS de Ste-Marguerite, leur oncle ;

6. Lucrèce, légataire de 300 l. au test. de sa mère ; reçue religieuse au même couvent, le même jour, 23 juin 1632 ;

7. Marguerite, légataire de 300 l. au test. de sa mère ; reçue religieuse ursuline, à Aubagne, le 26 nov. 1637 (5) ;

8. Anne, née posthume, en 1626 (6), religieuse au monastère de la Celle ; fit son test., le 16 mai 1644 (7), par lequel elle lègue à son aïeule Isabelle BERTON de Crillon, et institue pour héritier son frère François ; fit donation à son neveu François THOMAS, le 21 sept. 1665 (8).

(1) Commandaire, not. à Hyères (insin. d'Hyères, 1114).

(2) Pourtant elle n'est pas nommée à l'acte du 9 oct. 1634 mentionnant toutes les religieuses du couvent à ce dit jour (voir art. de sa sœur Isabeau).

(3) François Blanc, not. à St-Zacharie.

(4) Jean Chabert, not. à la Valette.

(5) Antoine Jay, not. à Aubagne.

(6) C'est elle dont la mère se dit enceinte au test. du 11 mai 1626.

(7) Thanaron, not. à Brignoles.

(8) Toucas, not. à Brignoles.

XVII. François THOMAS, sieur de la Valette et de la Brémone (1); fit son test., le 12 mars 1635 (2), dans lequel il nomme Isabeau BERTON de Crillon, son aïeule ; Isabeau, sa fille ; François, son fils ; lègue à l'enfant dont sa femme, Jeanne FORBIN de Bonneval, est enceinte (3) ; institue pour héritier ladite Jeanne FORBIN, lui substituant Henri THOMAS, son frère ; était lieut. commandant la galère Fourbine, lorsqu'au moment de partir pour la guerre, en Catalogne, il fit de nouveau son test., le 4 mai 1642 (4), dans lequel il se dit veuf ; lègue à ses filles Renée et Marie ; institue pour héritier son fils François, lui substituant son frère Henri THOMAS, à charge de payer un legs à Marguerite FORBIN, sa belle-sœur, veuve de Jean ROMIEU (5) ; nomme tutrice de ses enfants Renée de CASTELLANE, sa belle-mère, veuve de François FORBIN de Bonneval ; exécuteurs test.: Jacques THOMAS, son oncle, sgr de la Garde, et François COLIN, sgr de Jannet, son cousin ; obtint par un arrêt, du Conseil Privé du 16 janv. 1643, de se qualifier à l'avenir sieur de la Valette ; cap. des galères du Roi, par brevet du 26 juin 1644 ; assista, le 20 janv. 1652, au contrat de mariage de sa nièce Claire de ROMIEU, et mourut vers 1663. Il avait ép., suiv. contrat du 22 fév. 1632 (6), Jeanne

(1) Bastide au territoire de la Valette.

(2) Chabert, not. à la Valette (Bibl. Nat., cabinet des titres).

(3) Nous supposons que c'est sa fille Marie, marquée comme centenaire à son décès, en 1731 (elle n'avait en réalité que 96 ans). Dans son autre test. du 4 mai 1642, François veut que ladite Marie, sous le bon plaisir du Pape, épouse l'héritier de Jean THOMAS, sgr de la Garde, oncle du testateur. Ce mariage n'eut pas lieu.

(4) Prat, not. à Marseille (Bibl. Nat., cabinet des titres).

(5) Des seigneurs de Fos.

(6) Jean Bosse, not. à Lambesc (insin. d'Hyères, 1010). Présents : Barthélemy THOMAS, sr de Châteauneuf, oncle paternel du futur ; Gaspard THOMAS de Ste-Marguerite, sr de la

FORBIN (1), fille de f. François, sgr de Bonneval, et de Renée de CASTELLANE ;

d'où : 1. François, dont l'article suit (2) ;

    2. Isabeau (3), nommée au test. de son père du 12 mars 1635 ;

    3. Marie, née en 1635, reçut, en son contrat de mariage, 11,000 l. de son g^d-oncle Paul-Albert FORBIN de Bonneval g^d-prieur de St-Gilles ; fit son test., le 26 avril 1730, léguant à ses deux filles religieuses et instituant pour héritier François-Honoré-Paul THOMAS de la Valette, s^r de l'Escaillon, son petit-neveu, et mourut, centenaire, à Lambesc, le 26 déc. 1731. Elle avait ép., suiv. contrat du 9 fév. 1657 (4), Paul-Albert COLIN, fils de François, sgr de Jonnet, et de f. Claire de SABOULIN, dame de la Motte ;

    4. Marguerite, née à Toulon, bapt. le 4 juil. 1636 (5), mourut avant le 4 mai 1642 (6) ;

    5. Renée, nommée au test. de son père du 4 mai 1642, fut

Garde, et Jacques THOMAS, sgr de Beaulieu, ses oncles maternels ; Renée de CASTELLANE, mère de la future ; Albert FORBIN, commandeur de Beaulieu, et Louis FORBIN, sgr de Bonneval, ses oncles.

(1) Mourut avant le 4 mai 1642 (test. de son mari).

(2) On trouve vers ces temps : Joseph-Henri-Julien de la VALETTE (sic), lieut. de vaisseau et capit. d'une compagnie franche de la marine, décédé, à Toulon, le 18 avril 1698, enseveli le lendemain en l'église cathédrale dans le tombeau de ses ancêtres.

(3) Artefeuil dit qu'elle épousa n. BERTET de la Clue. C'est probab. un double emploi avec l'alliance portée ci-dessus au XVIIe degré des sgrs de Ste-Marguerite.

(4) Bosse, not. à Lambesc (insin. de Toulon, 1461). Témoins : Emeric de LATAIS et Louis ROMIEU, sgr de Fos.

(5) Parr., Gaspar THOMAS, bar. de Ste-Marguerite ; marr., Marguerite THOMAS.

(6) Deuxième test. de son père.

reçue religieuse au couvent de St-Pierre de la Manarre, le 22 oct. 1646 (1), avec pension de 300 l. de Albert-Paul FORBIN, gd-prieur de St-Gilles, son grand-oncle.

XVIII. François THOMAS de la Valette, né avant 1635, reçu docteur en l'université d'Avignon, pour le droit civil, en 1653 ; se distingua lors de l'invasion de la Provence par les alliés (2) ; fit un 1er test., le 15 mai 1688 (3), par lequel il lègue à sa sœur Marie, à ses sept enfants, et institue pour héritière sa femme avec charge de restituer à celui de ses enfants qu'elle choisira et sous diverses clauses de substitution ; et, un 2e test., le 16 avril 1698 (4), par lequel il lègue à ses fils César, Joseph, Gaspar, Louis et à sa fille Marie (5), instituant pour héritière sa femme, avec charge de rendre à leur fils Joseph, sous clause de substitution, et vivait encore le 20 avril 1707 (6). Il avait ép., suiv. contrat du 2 juil. 1663 (7), Lucrèce CADENET (8), fille de François, sgr de la Tour de Tamarlet et Tournefort, et de Gabrielle *(alias Charlotte)* MARS de Liviers ;

(1) Commandaire, not. à Hyères (Bibl. Nat., cabinet des titres).

(2) Voy. Moreri, X, 159.

(3) Chabert, not. à la Valette.

(4) Guion, not. à Aix.

(5) D'où on peut conclure que son fils François et sa fille Geneviève étaient morts.

(6) Sauf-conduit à lui délivré par le duc de SAVOIE.

(7) Arquier et Bosse, not. à Lambesc (insin. de Toulon, 721). Présents : Balthassar (VINCENS) d'AGOULT, représentant Henri THOMAS, chev. de St-Jean-de-Jérusalem, commandeur de Montpellier ; Albert-Paul COLIN, sgr de Jannet ; César CADENET de Tamarlet, aïeul de la future ; Thérèse CADENET, dame d'Alleins, Aurons, Lamanon ; Pierre CADENET, religieux à l'abbaye de Montmajour, et Louis CADENET de Tamarlet, tante et oncles de la future.

(8) Fit son test. le 19 oct. 1713 (Durand, not. à la Valette).

d'où : 1. César, sourd-muet, légataire au test. de son père du 15
     mai 1688 (1) ;

2. Joseph, dont l'article suit ;

3. Gaspard, dit l'abbé de la Valette, né vers 1673 ; obtint
   dimissoire de l'évêque de Toulon pour recevoir, à Paris,
   la tonsure, le 8 avril 1689, et, à Valence, les ordres
   mineurs et le s.-diaconat, le 2 avril 1695 ; fut ordonné,
   à Toulon, diacre, le 7 avril 1696, et, prêtre, le 1er déc.
   1697 ; député à l'assemblée du clergé de France, en 1705
   et 1715 ; fut pourvu, par brevet signé à Versailles, le 26
   mars 1712, de l'abbaye sécularisée de St-Sauveur-de-
   Figeac (2), vacante par décès de Jean-Armand de
   FUMÉE des Roches-St-Quentin, suiv. bulles du Pape
   des ides de fév. de la même année, et en prit possession
   le 10 juin 1713 ; présenté par le Roi, le 12 avril 1732,
   pour l'évêché d'Autun, vacant par la translation de Mgr
   de MONTELET à l'archevêché de Besançon ; reçut ses
   bulles, le 3e jour avant les ides d'août ; fut sacré à
   Paris, le 14 sept., par Mgr de VINTIMILLE ; prit possession, par procuration, le 20 du même mois ; prêta
   serment, le 16 oct., et reçut le pallium, le 9 nov. suiv. ;
   fit donation de 300.000 l. à son petit-neveu Joseph-
   François THOMAS de la Valette en son contrat de mariage
   avec Marie d'ALENCÉ, du 28 juil. 1747, et lui abandonna
   tout ce qui pouvait lui revenir sur les terres de la
   Valette et l'Escaillon, avec substitution aux THOMAS de

(1) Note de M. du Roure.

(2) Ordre de St-Benoît, au diocèse de Cahors.

la Garde, puis aux THOMAS de Châteauneuf; se démit
de son évéché; reçut, par brevet du 10 mars 1748, une
pension de 10.000 l. payable par Antoine MALVIN de
Montazet, aumônier du Roi, en retenue sur les revenus
de l'abbaye de Moustiers, en Argone (1); fit son test.,
le 6 juin 1748 (2), par lequel il élit sa sépulture à Paris,
en l'église des Capucins de la place Louis-le-Grand,
lègue entre autres 30.000 l. au g⁴ séminaire d'Autun,
10.000 l. à l'hôpital de la même ville, et institue pour
héritier son petit-neveu Joseph-François THOMAS de la
Valette, nommant pour exécuteur test., son frère Louis
THOMAS, supérieur des prêtres de l'Oratoire, et pour
conseil de celui-ci, M. MORESTIN, secrétaire des maîtres
des Requêtes, auquel il lègue 1.200 l., et mourut, à
Paris (3), le 10 juil. de la même année;

4. Louis, né, à Toulon, en 1678, servit dans la marine,
puis entra dans la congrégation de l'Oratoire dont il fut
élu 7ᵉ général, en juin 1733, et mourut en 1772;

5. François, légataire au test. de son père de 1688, mourut
avant le 16 avril 1698;

6. Geneviève, nommée au test. de son père du 15 mai
1688, mourut avant le 16 avril 1698;

7. Marie, religieuse à la Visitation de Toulon.

XIX. Joseph THOMAS de la Valette, sgr de Carqueirane,

(1) Ordre de Citeaux, au diocèse de Châlons.
(2) Trutat, not. à Paris.
(3) St-Roch.

l'Escaillon, etc., né à la Valette (1), le 29 fév. 1672, bapt. le 2 mars suiv. (2) ; garde de la marine, le 21 juin 1689 ; enseigne des vaisseaux du Roi, le 1er janv. 1693 ; lieut. de vaisseau, le 7 juil. 1694 ; capit. d'une compagnie franche de la marine, par commission du 1er janv. 1696 ; chev. de S. L., le 9 mai 1707 ; capit. de frégate, le 27 sept. de la même année ; capit. de vaisseau, le 25 nov. 1712 ; se distingua à la guerre (3) ; prêta hommage, au nom de son fils François, pour la sgrie de l'Escaillon, le 14 août 1719 (4) ; montra beaucoup de courage pendant la peste de Toulon, en 1720 ; reçut un brevet de pension de 1.000 l. sur la marine, le 1er fév. 1736, changé en un autre de 1.500 l., le 15 oct. suiv. ; fit son test. solennel, le 27 avril 1737 (5) ; chef d'escadre, le 1er mai 1741 ; mourut à Toulon (6), le 19 nov. 1744. Il avait ép., suiv. contrat du 9 fév. 1704 (7), Gabrielle RIPERT (8), fille de f. Honoré, sgr de Carqueirane et l'Escaillon, et de Catherine CASSERIN ;

d'où : 1. *François-Paul-Honoré*, dont l'article suit ;

　　　2. Catherine-Lucrèce, née à Toulon, le 25 oct. 1704, bapt.
　　　le même jour (9) ;

(1) Bibl. Nat., cabinet des titres.

(2) Parr., Honoré RIPERT de Carqueirane ; marr., Lucrèce THOMAS, dame d'Orves.

(3) Voy. Moreri, X, 160.

(4) Arch. B.-du-Rhône, B, 803, f° 166.

(5) Déposé le 29 chez Aubert, not. à Toulon.

(6) Ste-Marie.

(7) Aubert, not. à Toulon (insin. de Toulon, 2086).

(8) Elle était veuve de Joseph PAPILLON, sgr de Source, capit. commandant le 2e bataillon du régim. de la marine ; fit son test., le 11 mai 1719 (Aubert, not. à Toulon), en faveur de son fils unique François-Paul-Honoré THOMAS, et mourut avant le 28 janv. 1728 (mariage de son fils François-Paul-Honoré THOMAS).

(9) Parr., François THOMAS de la Valette ; marr., Catherine CASSERIN de Carqueirane.

3. Gabrielle, née à Toulon (1), bapt. le 10 juil. 1706 (2).

XX. *François-Paul-Honoré* Thomas de la Valette, sgr de l'Escaillon, etc., né, à Toulon (1), le 31 oct. 1707, bapt. le même jour (3) ; garde de la marine, le 23 avril 1723 ; enseigne des vaisseaux du Roi, le 17 mars 1727 ; mourut intestat, à Toulon (1), le 22 août 1736 (4). Il avait ép., à Marseille, le 28 janv. 1728 (5), suiv. articles de mariage de la veille (6), Thérèse Bruny (7), fille de Raymond, m^is d'Entrecasteaux, et de Paule Colomb ; d'où : 1. Joseph-François, dont l'article suit ;

  2. Anne, née à Toulon, le 25 fév. 1731, ondoyée le même jour, bapt. le 25 mai suiv. (8).

XXI. Joseph-François Thomas (dit le marquis) de la Valette, sgr de l'Escaillon, etc., né, à Toulon (1), ondoyé le 26 fév. 1729, bapt. le 22 avril suiv. (9) ; garde de la marine, le 29 sept. 1743 ; enseigne des vaisseaux du Roi, le 1er janv. 1746 ; lieut. de vaisseau, le 11 fév. 1756 ; acquit avec sa femme, par acte du 20

(1) Ste-Marie.

(2) Parr., N... Thomas ; marr., Lucrèce (Cadenet) de Tamarlet.

(3) Parr., Joseph-Paul Thomas, bar. de Ste-Marguerite ; marr., Marie Thomas de Genat de la Valette.

(4) Son acte de décès le nomme à tort François-Joseph-Paul.

(5) St-Martin.

(6) Déposés aux écritures de Bouteille, not. à Aix, le 20 janv. 1755.

(7) Marr., à Carpentras, le 10 juin 1775, de son arrière-petit-fils François-Joseph-Marie-Henri Thomas de la Valette, fils de François-Louis-Clair.

(8) Parr., Raymond Bruny, m^is d'Entrecasteaux ; marr., Almarre Bovar, épouse de Joseph-Paul Thomas, bar. de la Garde.

(9) Parr., Joseph Thomas de la Valette, capit. de vaisseau ; marr., Paule Colomb, m^se (Bruny) d'Entrecasteaux.

mars 1760 (1), et pour le prix de 264.800 l., les terres et sgries de Serigny, la Couture, le Bouchat et Labergement, au bailliage de Châlons; lieut. général de la Province de Bourgogne, le 5 déc. 1761; chev. de St-Louis, le 21 janv. 1762; cap. de vaisseau, le 19 juil. 1764; fit son test., le 25 août 1765 (2), par lequel il institue pour héritier son fils François-Louis-Clair, et mourut, à Paris (3), le 16 nov. suiv.. Il avait ép., suiv. articles de mariage du 28 juil. 1747 (4), Marie ALENCÉ (5), dame de la Conarde et de Grosrouvre, fille de Denis, éc., capit. au régim. de Bourbonnais, et de Marie-Anne PERNET;

d'où : 1. François-Louis-Clair, dont l'article suit;

2. Louis-Jean-Baptiste (dit le cte de la Valette), sgr de Serigny, etc., né, à Paris (3), le 27 oct. 1753; périt sur l'échafaud révolutionnaire, en l'an II. Il avait ép., à Nancy (6), le 12 nov. 1778, Henriette-Elisabeth, ctesse de la TOUR et TAXIS (7), fille de f. Léopold-Clément et de Louise-Christine-Françoise de la BAXEY de Vivey;

d'où : A. Camille-Jean-Charles-Louis, né, à Nancy, en 1786, mourut jeune;

(1) Changarnier, not. à Autun.

(2) Trulat, not. à Paris.

(3) St-Roch.

(4) Meunier et Jourdan, not. à Paris. Lachenaie-Desbois dit que le mariage eut lieu à Paris, le 10 août 1747.

(5) Mourut en 1764. Elle avait pour sœur Elisabeth d'ALENCÉ, épouse de Claude-Jean RIGOLEY, bar. d'Ognier.

(6) St-Max. Présents : la mère de l'épouse; François-Paul de (VINTIMILLE) LASCARIS, allié de l'époux; Louise-Antoinette de LAMBERTYE, douairière, veuve de François de LENONCOURT, tante de l'épouse; Ange-Conrad-Maurice DUBOST, mis de Pandoize, cousin de l'époux.

(7) Agée de 25 ans, dame de la clef d'or de la cour de S. A. l'électrice de Bavière.

B. Elisabeth-Honorine-Pierre, née, à Nancy, en
1782, mourut jeune ;

C. Zoé-Thérèse, née, à Nancy, en 1790 ; S. A. ;

Louis-Jean-Baptiste, eut en outre un fils naturel ;

3. François-Joseph-Elisabeth (dit le v^{te} de la Valette),
lieut. aux gardes françaises ; capit. au 1er bataillon des
Lombards, à l'armée de Belgique ; commandant à Gand,
puis à Cambray ; général de brigade à l'armée des côtes
de Brest, le 15 mai 1793 (18 prairial, an II), puis, à
Lille, le 11 juin suiv. ; périt sur l'échafaud révolutionnaire. Il avait ép. N... VITA (1) ;

4. Marie-Louise, née, à Paris (2), le 3 août 1748.

XXII. François-Louis-Clair THOMAS (dit le marquis) de la
Valette, bar. de Ste-Marguerite, la Garde, sgr du Mourillon,
csgr de Pierrefeu, etc., né, à Paris, le 13 fév. 1750 ; lieut. général
pour le Roi en la province de Bourgogne, le 23 nov. 1765 ;
gouverneur de la Garde-lez-Toulon ; héritier, en 1767, de son
cousin Charles-Joseph-Paul THOMAS, bar. de Ste-Marguerite et
la Garde ; capit. de dragons au régim. d'Islin de Lanau, le 25
avril 1772 ; admis, sur preuves, dans le corps de la noblesse aux
États de Provence, en 1787 ; émigré, en 1708 ; nommé, à
Coblentz, chef de section dans la compagnie de Provence, en
1701 ; mis ainsi que sa femme et ses enfants sur la liste des
émigrés ; en fut rayé avec eux par arrêté du départ. de Vaucluse,
le 12 déc. 1795 (21 frimaire, an IV) ; chev. de St-Louis, en 1810 ;

(1) Veuve de.....
(2) St-Roch.

mourut, à Carpentras, le 5 mars 1836. Il avait ép., à Avignon (1),
le 9 janv. 1774, suiv. contrat de la veille (2), Anne-Louise
GALEAN (3), fille de f. Joseph-Louis-Marie, duc de Gadagne, mis
de Vedènes, etc., et de Françoise-Charlotte-Gabrielle de FORTIA
de Pol, dame de Montréal ;

d'où : 1. François-Joseph-Marie-Henri, né, à Carpentras, bapt.
le 10 juin 1775 (4), mourut, à Carpentras, le 13 juil. 1778 ;

2. Alphonse-François-Joseph-Marie, mourut, à Carpentras, le 29 juin 1787 ;

3. Antoine-Henri-Camille (dit le cte de la Valette), né, à
Paris (5), bapt. le 18 fév. 1782, mourut, à Carpentras, le
20 avril 1856. Il avait ép., à Carpentras, le 6 juin 1826,
Marie-Pierrette TIRON, fille de Philippe-Prosper, chev.
de St-Jean-de-Jérusalem, et de f. Théodore-Casimir
MENAGEOT, de la ville de Paris ;

4. Gaspar-Marie-Félix, dont l'article suit ;

5. Cécile-Marie-Charlotte, née, à Carpentras, bapt. le 7
fév. 1778 (6), mourut, à Carpentras, le 14 mai 1814.
Elle avait ép., à Nîmes, le 24 juin 1808, Jean-Pierre de
FÉLIX, mis de l'Eglise (7), fils de Joseph-Sébastien et de
Thérèse-Sylvecane de CAMARET ;

(1) St-Agricol.

(2) Gollier, not. à Avignon.

(3) Mourut avant son mari.

(4) Parr., Joseph-Gaspard GALEAN, duc de Gadagne; marr., Thérèse BARNY, mse (Thomas)
de la Valette.

(5) St-Eustache.

(6) Parr., Claude-Jean de RICOTER; marr., Françoise-Gabrielle FORTIA de Montréal.

(7) Lieut. de gendarmerie à Tarbes, Chev. de St-Louis; épousa, en 2e noces, Marie-
Laurence-Adelaide LAMBERTIN.

6. Marie-Louise-Gabrielle-Elisabeth, née, à Carpentras, bapt. le 13 juil. 1770 (1), mourut, à Carpentras, le 28 juin 1854. Elle avait ép., à Carpentras, le 9 juil. 1804 (20 messidor an XII), Jean-Charles-Gaspar m^{is} des ISNARDS (2), fils de f. Esprit-Toussaint et de Marie-Thérèse ANSELME de Grugière.

XXIII. Gaspar-Marie-Félix THOMAS, m^{is} de la Valette, né, à Carpentras, bapt. le 29 déc. 1785 (3), chev. de St-Jean-de-Jérusalem et de la couronne de fer, chef d'escadron ; mourut, à Carpentras, le 3 mai 1840. Il avait ép., à Carpentras, le 1er fév. 1815, Marie-Camille-Angélique-Joséphine de VITALIS (4), fille de Charles et de Marie-Justine de GILLES de Ribas ;

d'où : Marie-Aimée-Louise, née, à Carpentras, le 18 janv. 1816, mourut, à Carpentras, le 21 sept. 1840 ; S. A..

BRANCHE
DES SEIGNEURS DE CHATEAUNEUF

XVI. Barthélemy THOMAS, sgr de Chateauneuf, 2e fils d'Antoine, sgr de la Valette, et de Isabeau des BALBS-BERTON de Crillon ; consul de Toulon, en 1637 ; viguier de la même ville, en 1638 (5) ; mourut avant le 3 sept. 1651. Il avait ép., suiv. contrat

---

(1) Parr., Jean-Baptiste-Louis-Thomas GALÉAN, duc de Gadagne ; marr., Marie-Madeleine-Victoria (BIONNEAU), m^{se} d'Eiragues.

(2) Né le 19 avril 1760, mourut le 9 oct. 1837.

(3) Parr., Joseph-Gaspar GALÉAN, duc de Gadagne ; marr., Cécile-Marie THOMAN de la Valette.

(4) Née le 18 mai 1789, mourut le 29 fév. 1876.

(5) Arch. de Toulon, EE. 5 (I. f° 176).

du 10 août 1624 (1), Catherine de PONTEVÈS, fille de f. Jean-Nicolas, sgr de Giens, et de Lucrèce BOYER de Bandol ;

d'où : 1. Henri, né à Aix (2), ondoyé le 17 juin 1627, bapt. le 17 mai 1628 ;

2. François, né à Toulon, bapt. le 30 déc. 1630 (3) ; reçu, le 28 juil. 1659 (4), viguier de Toulon, en remplacement d'Antoine NOBLE ;

3. Melchior, dont l'article suit ;

4. Jean, né à Toulon, bapt. le 3 janv. 1639 (5) ;

5. Joseph-Augustin, né à Toulon, bapt. le 4 mars 1641 (6);

6. Thérèse (alias Désirée), assista, le 7 juin 1663, au contrat de mariage de son frère Melchior. Elle avait ép., à Toulon, le 3 sept 1651 (7), suiv. contrat du même jour (8), Charles CAMBE, esgr d'Orves, fils de Charles et de Honorade OLLIVIER (9) ;

7. N..., née à Toulon, bapt. le 14 mars 1634 (10).

XVII. Melchior THOMAS, sgr de Châteauneuf, né à Toulon, bapt. le 3 déc. 1632 (11) ; capit. des vaisseaux du Roi ; consul de

---

(1) Bremond, not. à Toulon (insin. d'Hyères, 909).

(2) St-Sauveur.

(3) Parr., François FABRE, avocat ; marr., Anne de PONTEVÈS.

(4) Insin. de Toulon, 1068.

(5) Parr., Jean de BUROVES ; marr., Suzanne de NOBLE.

(6) Parr., Joseph MARTINENQ, chanoine de Toulon ; marr., Blanche de BOYER.

(7) Tém. : François ROSTAGNEN, not. ; Louis d'Aix, procureur.

(8) Rostagnen, not. à Toulon (insin. de Toulon, 739).

(9) De la ville d'Hyères.

(10) (Peut-être la même que la précédente). Parr., Ursule (CAMBIS ?) d'Orsan ; marr., Désirée de GARNIER.

(11) Parr., Melchior CLAPIER, religieux de St-Jean-de-Jérusalem ; marr., Anne de NOBLE.

Toulon, en 1691 ; reçu viguier de la même ville, le 28 juil. 1692
(1), en remplacement de N. PETRA ; mourut à Toulon, le 26 fév.
1698, et fut enseveli le lendemain en la paroisse cathédrale, dans
la tombe de ses aïeux. Il avait ép. à Toulon, le 10 juin 1663,
suiv. contrat du 7 du même mois (2), Anne ASTOUR (3), fille de
Charles, écuyer, et de Hélène NOBLE du Revest ;

d'où : 1. Melchior, né à Toulon, le 25 oct. 1668, bapt. le 31 du
même mois (4), mourut à Toulon, le 20 sept. 1670, et
fut enseveli le même jour dans la tombe de ses aïeux ;

2. François, né à Toulon, le 13 mai 1670, bapt. le même
jour (5) ; quêteur pour la rédemption des captifs dans la
paroisse de Toulon, en 1698 ; reçu, le 24 sept. 1699 (6),
en l'office de lieut. général de M^{ssgrs} les Maréchaux de
France au département de Toulon, créé par édit de
mars 1693 pour le jugement des points d'honneur ;
mourut, à Toulon (7), le 23 juil. 1703, et fut enseveli le
même jour dans la cathédrale (8) ;

3. Antoine, né à Toulon, le 12 sept. 1671, bapt. le

(1) Insinuations de Toulon, 1786.

(2) Marielly, not. à Toulon (Insin. de Toulon, 681).

(3) Ste. Artefeuil la nomme à tort TOURNON. Née vers 1641, mourut à Toulon (Ste-Marie),
le 8 nov. 1788.

(4) Parr., Charles Noble du Revest ; marr., Marie de Rissi.

(5) Parr., Jean-Baptiste Astoun ; marr., Anne Noble du Revest.

(6) Insin. de Toulon, 1158.

(7) Ste-Marie.

(8) C'est peut-être de lui et d'Isabeau Poikon que naquit, à Toulon, et fut bapt. le 20
mars 1704, un fils (posthume), Jean-Jules Thomas (parr., Jules-César Thomas de la Garde ;
marr., Anne de Mazenod, son épouse).

lendemain (1) ;

4. Joseph, dont l'article suit ;

5. Honoré, né à Toulon, le 7 nov. 1678, bapt. le 8 (2), mourut à Toulon, le 30 juin 1680 et fut enseveli dans la tombe de ses ancêtres ;

6. Barthélemy, né à Toulon, le 10 mai 1680, bapt. le lendemain (3), mourut à Toulon, le 8 juil. 1683, et fut enseveli dans le tombeau de ses pères ;

7. Lange, né à Toulon, le 30 mars 1683, bapt. le lendemain (4), chev. de St-Jean-de-Jérusalem ;

8. Pierre, né à Toulon, le 7 août 1684, bapt. le même jour (5), présenté à Malte, le 2 mai 1698, chev. de St-Jean-de-Jérusalem, suiv. enquête terminée à Toulon, le 22 mai 1698 ; reçu au grand prieuré de St-Gilles, à Arles, le 10 nov. de la même année : commissaire général d'artillerie au départ. de Toulon ; fit son test., le 27 fév. 1747 (6), par lequel il lègue une pension viagère de 600 l. à son frère Joseph Thomas, une autre de 100 l. à chacune de ses sœurs, une autre de 600 l. à son neveu Honoré Thomas, et institue pour héritier son autre neveu, Jean-Baptiste-François Thomas, de Châteauneuf ; commandeur de son ordre ; chef d'escadre des armées

(1) Parr., Antoine Noble, sgr du Rèvest ; marr., Françoise Astour.

(2) Parr., Honoré de Prral, avocat ; marr., Anne de Camue.

(3) Parr., Jacques de Cuers, sr de Cogolin ; marr., Thérèse Thomas.

(4) Parr., Lange de Ricard ; marr., Marguerite de Condril.

(5) Parr., Pierre-Dominique Despanna ; marr., Agnès Despanna.

(6) Chauvet, not. à Toulon.

navales de S. M. ; mourut à Toulon (1), le 27 oct. 1759;

9. Louis, né à Toulon, bapt. le 7 mai 1689 (2) ; chev. de
St-Jean-de-Jérusalem, en 1705 ; garde de la marine ;
mourut à Toulon, le 19 juil. 1715, et fut enseveli le
même jour dans le tombeau de ses aïeux (3) ;

10. Catherine, née à Toulon, le 6 sept. 1673, bapt. le lendemain (4), religieuse au couvent de St-Pierre de la
Manarre ;

11. Lucrèce, née à Toulon, le 5 avril 1677, bapt. le lendemain (5), religieuse au couvent de St-Pierre de la
Manarre.

XVIII. Joseph THOMAS, chevalier, sgr de Châteauneuf, né à
Toulon, le 20 mars 1675, bapt. le lendemain (6) ; présenté à
Malte, le 29 juil. 1697 ; reçut, le 30 juil. 1697 (7), de ses père et
mère constitution d'une pension de 400 l. ; chev. de St-Jean-de-
Jérusalem, suiv. enquête terminée à Toulon, le 8 août 1697 ;
reçu au grand prieuré de St-Gilles, à Arles, le 7 nov. 1697 ;
lieut. des vaisseaux du Roi ; reçut commission de lieut. des
Maréchaux de France, le 29 août 1730 (8), pour connaître des

(1) Ste-Marie.

(2) Parr., Claude Thomas de Pierrefeu, archidiacre ; marr., Diane de Garnier.

(3) On trouve encore à cette époque : Charles Thomas, sgr de Châteauneuf, reçu le 7
fév. 1706 (insin. de Toulon, 2254), lieut. des maréchaux de France en la sénéchaussée de
Toulon, qui passa, le 24 nov. 1708, une revue des officiers et archers de la maréchaussée
de Toulon (insin. de Toulon, 49).

(4) Parr., Joseph Astour ; marr., Suzanne Noble du Revest.

(5) Parr., Louis Thomas ; marr., Lucrèce Thomas.

(6) Parr., Pierre (Noble) du Revest ; marr., Isabeau de Grasse (de Mouans).

(7) Roustan, not. à Toulon.

(8) Insin. de Toulon, 1707 à 1734, f° 1424.

différends survenus entre gentilshommes ; chev. de St-Louis ; mourut, à Toulon, le 31 janv. 1753. Il avait ép., à Montauroux, dans la chapelle de Tournon, le 27 juin 1713, Thérèse-Françoise de PONTEVÈS (1), fille de Jean, sgr de Bargème, et de Marguerite de CASTELLANE-Tournon ;

d'où : 1. Jean-Baptiste, né à Toulon, le 17 fév. 1714 (2), mourut à Toulon, le 6 mai suiv., et fut enseveli le même jour dans la tombe de ses aïeux ;

2. Joseph, né à Toulon, le 30 mai 1716 (3), mourut à Toulon, le 26 oct. 1717 ;

3. Jean-François, dont l'article suit ;

4. Honoré, né à Toulon, le 28 nov. 1718 (4) ; reçu chev. de St-Jean-de-Jérusalem, en 1752 ; commandeur de Durbans, bailli, grand-croix de son ordre ; mourut à Marseille (5), le 29 avril 1791, et fut ensev. le lendemain au cimetière de la paroisse St-Ferréol ;

5. Marguerite, née à Toulon, le 26 fév. 1715, bapt. le 5 mars suiv. (6), mourut, à Toulon, le 8 du même mois ;

6. Anne, née à Toulon, le 20 déc. 1720 (7) ;

7. Élisabeth, née à Toulon, le 27 fév. 1722 (8).

(1) Née vers 1689, mourut le 12 mai 1791.

(2) Parr., Jean-Baptiste de Pontevès de Tournon ; marr., Anne Astour (veuve THOMAS) de Châteauneuf.

(3) Parr., Joseph Gravier ; marr., Marguerite Vidal.

(4) Parr., Honoré Comte ; marr., Marguerite Bratre.

(5) St-Ferréol.

(6) Parr., Charles THOMAS de Châteauneuf, lieut. des maréchaux de France ; marr., Marguerite de Castellane de Tournon.

(7) Parr., Nicolas Pécoul ; marr., Anne (de Vintimille) d'Ollioules.

(8) Parr., Charles Baux ; marr., Élisabeth Donabe.

XIX. Jean-François THOMAS, chevalier, sgr de Châteauneuf, Beauvais, la Penne, Pierrefeu, St-Pierre, le Val-d'Ardenne, etc.; né à Toulon, le 24 juin 1717 (1); capit. des vaisseaux du Roi; chev. de St-Louis; lieut. des maréchaux de France au département de Toulon; fut appelé, par la mort sans enfants de Henri-Auguste-François-Melchior THOMAS de Pierrefeu, à la substitution établie en sa faveur dans le testament du père de ce dernier, Melchior THOMAS de Pierrefeu. Cette substitution, malgré qu'elle eût été attaquée par la famille SAQUI de Sannes, lui fut dévolue par sentence du lieut. général de Draguignan, du 16 janv. 1750. Il hérita aussi de son oncle Pierre THOMAS de Châteauneuf; nomma, le 21 nov. 1769 (2), Louis d'ASTROS, avocat, en qualité de juge à Pierrefeu, et mourut, à Toulon (3), le 29 déc. 1782. Il avait ép., suiv. contrat du 22 nov. 1757 (4), Thérèse-Suzanne LAIDET (5), fille de Pierre, sgr de Sigoyer, et de Marie-Suzanne RIVIER de Roumoules.

BRANCHE

DES SEIGNEURS D'EVENOS & D'ORVES

XIV. Jacques THOMAS de Ste-Marguerite, esgr d'Evenos, 2e fils de Pierre, sgr de Ste-Marguerite, et de Honorée SIGNIER,

---

(1) Parr., François CAUVIN; marr., Marguerite FRANQUESE.

(2) Insin. de Toulon, 1117.

(3) Ste-Marie.

(4) COURREN, not. à Roumoules (insin. de Toulon, 1665). Présent : Pierre-Joseph LAIDET de Sigoyer, lieut. de vaisseau, frère de la future.

(5) Étant veuve, elle nomma un juge à Pierrefeu, le 1er fév. 1781 (insin. de Toulon, 273), et un autre, en 1788 (id., 793).

docteur ès-droits, reçut en mariage la portion d'Evenos qui appartenait à son père ; lieut. principal en la sénéchaussée au siège d'Hyères, par lettres du 4 sept. 1545 (1), et en suite de la résignation de Nicolas FABRI ; rendit hommage pour Evenos, le 28 avril 1552 (2) ; fit son test., le 2 nov. 1567 (3), par lequel il lègue à sa femme, institue pour héritier son fils Magdelon, lui substituant Claude et Lucrèce, ses filles, et mourut avant le 11 mars 1569 (4). Il avait ép., en 1res noces, suiv. contrat du 5 août 1543 (5), Claudine de GRASSE (6) ; et, en 2es noces, suiv. contrat du 28 mai 1553 (7), Anne de VINTIMILLE (dite de Marseille) (8), fille de Gaspar, sgr d'Ollioules, et de Anne ARCUSSIA de Tourves ;

d'où : du 2° lit,

1. Magdelon, dont l'article suit ;

2. Claude, fit donation, le 15 janv. 1601 (9), à son fils Bernardin NAS de Tourris, époux de Isabeau MARIN, fille de f. Jean, du lieu de la Valette. Elle avait ép., en

---

(1) Arch. B.-du-Rh., B, 59 (Reg. *Virgo*), f° 139 v°.

(2) Arch. B.-du-Rhône, B, 789, f° 455.

(3) Bruny, not. à Hyères (Bibl. Nat., cabinet des titres).

(4) Mariage de sa veuve.

(5) Alméras, not. à Hyères (Bibl. Nat., cabinet des titres). Présents : Aimar de BAIGNOLES, protonot. du St-Siège ; Bossat, de Brignoles.

(6) Sœur d'Antoine de GRASSE et veuve de François de BAIGNOLES, sr de Gaubert, qu'elle avait ép. à Grasse, suiv. contrat passé devant Adrien Grenoli, not..

(7) Augustin Melloni, not. à Tourves (Bibl. Nat., cabinet des titres). Présents : Philippe et Magdelon de VINTIMILLE et Marguerite du PUGET, dame de Figanières, frères et belle-sœur de la future.

(8) Épousa, en 3es noces, le 11 mars 1569, Balthassar SIGNIER, sgr de Piosin.

(9) Commandaire, not. à Hyères (insin. d'Hyères, 14).

1res noces, suiv. contrat du   1567 (1), Jean-
Baptiste NAS, fils de Louis, sgr de Tourris, et de
Catherine CHAUFARD, dame de Tourris ; en 2es noces,
suiv. contrat du 6 déc. 1592 (2), Honoré MARIN, du lieu
de la Valette ; et, en 3es noces, suiv. contrat du 6 fév.
1595 (3), Georges de RÉVÉ, sgr d'Ausseron, fils de f.
Bernard, sgr de la Dièche (4) ; S. P. ;

3. Françoise, née à Hyères, bapt. le 16 janv. 1503 (5),
mourut jeune, puisqu'elle n'est pas nommée au test. de
son père ;

4. Lucrèce, était religieuse au monastère de St-Pierre de
la Manarre, à Hyères, le 2 oct. 1634.

XV. Magdelon THOMAS de Ste-Marguerite, esgr d'Evenos,
Orves, le Revest, etc. ; rendit hommage pour Evenos, le 18 déc.
1596 (6) ; consul de Toulon, en 1610 ; reçut, le 11 mars 1616 (7),
cession faite par Horace du REVEST, protonot. apostol., esgr et
prévôt de Riez ; fit son test., le 5 fév. 1624 (8), par lequel il lègue
à ses trois filles, à son fils Balthasar, institue pour héritier son

(1) Raisson, not. à Toulon.
(2) Ricard, not. à la Valette (insin. d'Hyères, 519). La future assistée de Anne de
VINTIMILLE, sa mère, épouse de Balthasar SIGNIER, dudit Balthasar et de François RIPERT,
son beau-père.
(3) Ricard, not. à la Valette (insin. d'Hyères, 664).
(4) Diocèse d'Albi.
(5) Parr., Charles FABRE ; marr., Françoise de ROCHAS.
(6) Arch. B.-du-Rhône, B, 702, fo 157.
(7) Aubert, not. à Toulon.
(8) Couchon, not. à Toulon (Bibl. Nat., cabinet des titres). Exécuteurs testamentaires :
Bertrand SIGNIER, sgr de Piosin, et Bernardin NAS, sgr de Tourris.

fils Jean-Barthélemy, lui substituant ses filles Marguerite et Anne ; reçut quittance, le 27 juin 1634 (1), de César Isnard, bourgeois d'Ollioules, fils de f. capit. Gaspar, du même lieu, et de Anne Gratian, veuve de f. Laurent Isnard, frère de César, tutrice de ses enfants, pour une somme que ledit Magdelon devait audit Gaspar, arrêtée entre ses mains par Claude Cabasson, bourgeois de la Valette, à raison d'une dette dudit Gaspar, puis cédée par ledit Cabasson à Jacques Ripert, éc. de Toulon, son beau-frère, pour la dot de sa femme, puis par ledit Jacques à François Isnard, son frère. Il avait ép., suiv. contrat du 29 avril 1587 (2), Melchionne Clapiers (3), fille de f. François, sgr du Puget, et de Françoise Rochas d'Aiglun ;

d'où : 1. Jean-Barthélemy, dont l'article suit ;

> 2. Charles, chev. de St-Jean-de-Jérusalem ;
>
> 3. Balthasar, né à Toulon, bapt. le 15 sept. 1598 ; présenté à Malte, en 1615, fit ses preuves, et fut reçu chev. de St-Jean-de-Jérusalem, en 1616 (1) ;
>
> 4. Jean ;
>
> 5. Antoine ;
>
> 6. Marguerite, ép., suiv. contrat du 10 oct. 1615 (4), Gaspar Audibert (des sgrs de Ramatuelle), éc. de la ville d'Aix, et de f. Madeleine de Chateauneuf ;
>
> 7. Anne, ép., suiv. contrat du 25 juil. 1621 (5), Gaspar

(1) Bibl. Nat. (cabinet des titres).

(2) Honoré Bouge, not. à Hyères (Bibl. Nat., cabinet des titres).

(3) Assistée de Jacques Clapiers, son frère, autre Jacques Clapiers, sgr de Collongues, son cousin, et de Jean Carbonnel.

(4) Louis Couchon, not. à Toulon.

(5) Id. (insin. de Brignoles, 501).

Monier, fils d'Alexandre, sgr des Sausses, et de f.
Melchionne Forbin de la Barben, demeurant à Pignans;

8. Lucrèce, destinée au test. de son père pour entrer au
couvent de St-Pierre de la Manarre, à Hyères.

XVI. Jean-Barthélemy THOMAS, sgr d'Evenos, Orves, csgr de
Cuers, etc.; reçu viguier de Toulon, le 20 juil. 1632 (1); consul
de la même ville, en 1636; maintenu dans sa noblesse, par
jugement du 20 janv. 1668; fit son test., le 27 juil. 1670 (2), par
lequel il élit sa sépulture en l'église d'Evenos, au tombeau de
son père Magdelon, lègue la jouissance de ses biens à sa femme,
lègue à ses filles Lucrèce et Suzanne, religieuses, à Louis,
Guillaume et Joseph, ses fils, chev. de St-Jean-de-Jérusalem, à
Jean, son autre fils, et à Gaspar, son fils aîné, instituant pour
héritier l'enfant mâle qui naîtra de son fils aîné, et mourut vers
1673 (3). Il avait ép., suiv. contrat du 27 mai 1616 (4), Marguerite
Barthélemy, fille de Gaspar, sgr de Ste-Croix, et de Lucrèce
d'Artigues;

d'où : 1. Magdelon, mourut jeune;

2. Gaspar, sgr d'Evenos, Orves, etc.; rendit hommage
pour ces deux sgries, le 1er mars 1673 (5); déchargé du
payement des droits de franc-fief, par jugement du 26

(1) Insinuations d'Hyères, 1087.

(2) Antoine Martelly, not. à Ollioules (Bibl. Nat., cabinet des titres). Acte passé au
château d'Evenos. Exécuteur testamentaire : Louis Signier, sgr de Piosin, son cousin,
archidiacre de Toulon.

(3) Hommage rendu pour Evenos par son fils Gaspar.

(4) Couchon, not. à Toulon. Présents : Jacques Aycard, avocat; André Cotosia, écuyer.

(5) Arch. B.-du-Rhône, B, 796, f° 113.

avril 1674 ; reçu viguier de Toulon, le 12 juil. 1677 (1) ; parr., à Toulon, le 29 janv. 1690, avec Marguerite DANIEL, d'un fils BEAUSSIER-RAISSON ; mourut, à la Valette (bastide Beaussier), le 23 juil. de la même année et fut enseveli à Evenos. Il avait ép., suiv. contrat du 25 janv. 1671 (2), Lucrèce THOMAS (3), fille de Jacques, sgr de Beaulieu, et de Lucrèce SIGNIER ; S. P. ;

3. Balthasar, né à Toulon, bapt. le 13 mars 1627 (4) ; présenté à Malte, en 1643, reçu chev. de S¹-Jean-de-Jérusalem, suiv. preuves faites, le 3 août de la même année (5), devant les commandeurs Rolland (VINCENS) d'AGOULT et Gaspar de CASTELLANE de Montmeyan ; mourut *probab.* avant le 27 juil. 1670, puisqu'il n'est pas nommé au test. de son père ;

4. François, né à Toulon, bapt. le 29 janv. 1631 (6) ; présenté à Malte, en 1647, reçu chev. de S¹-Jean-de-Jérusalem, suiv. preuves faites le 5 oct. de la même année ; mourut *probab.* avant le 27 juil. 1670, puisqu'il n'est pas nommé au test. fait par son père à cette date ;

5. Louis, esgr d'Evenos et d'Orves, né à Toulon, bapt. le 19 déc. 1633 (7) ; présenté à Malte, en 1656, reçu chev. de S¹-Jean-de-Jérusalem, en 1657 ; rendit hommage

(1) Insinuations de Toulon, 1803.

(2) Martelli, not. à Ollioules (insin. de Toulon, 200).

(3) Mourut le 29 sept. 1691. Elle avait ép., en 1ʳᵉˢ noces, Gaspar de RAISSON.

(4) Parr., Bertrand SIGNIER ; marr., Marquise de PAVÉS (Bibl. Nat., cabinet des titres).

(5) Bibl. Nat., cabinet des titres.

(6) Parr., Jules-François BOYER de Bandol ; marr., Lucrèce SIGNIER.

(7) Parr., Louis Nas de Toutris ; marr., Blanche CANISSON.

pour Evenos et Orves, après la mort de ses frères, le 12 juin 1698 (1) ;

6. Guillaume, dont l'article suit ;

7. Joseph, né à Toulon, bapt. le 3 sept. 1639 (2) ; présenté à Malte, en 1656, reçu chev. de St-Jean-de-Jérusalem, en 1657 ; paraît dans un acte du 28 fév. 1671 (3) ;

8. Jean, né à Toulon, bapt. le 8 juil. 1641 (4), légataire de son père au test. du 27 juil. 1670 ;

9. Thérèse (ou Désirée), ép., en 1651, Charles CAMBE, fils de Charles, sgr d'Orves, et de Honorade OLIVIER ;

10. Marguerite, née à Toulon, bapt. le 7 juil. 1636 (5), mourut avant le 27 juil. 1670, date du test. de son père, où elle n'est pas nommée ;

11. Lucrèce, religieuse ursuline à Toulon, légataire de son père, en 1670 ;

12. Suzanne, id. id..

XVII. Guillaume THOMAS, sgr d'Evenos, Orves, etc., né à Toulon, bapt. le 7 sept. 1637 (6) ; présenté à Malte, en 1656, reçu chev. de St-Jean-de-Jérusalem, en 1657 ; hérita de son frère Gaspar ; fit donation à son frère Louis, le 12 janv. 1699 (7) ; passa dénombrement à la Cour des Comptes pour partie de la terre

(1) Arch. B.-du-Rhône, B, 797, f° 101 v°.

(2) Parr., Joseph Icard, chanoine ; marr., Lucrèce de Cuers.

(3) Louis Aubert, not. à Toulon.

(4) Parr., Gaspar Thomas, son frère ; marr., Victoire Chautard de Tourris.

(5) Parr., Joseph Giraudan ; marr., Lucrèce Garnier.

(6) Parr., Guillaume le Blanc, prévôt de la cathédrale ; marr., Marguerite Colonia.

(7) Conseil, not. à Toulon (insin. de Toulon, 862).

d'Evenos, le 13 juil. 1701 (1), comme représentant de Jean-Barthélemy, son père, et aussi pour une autre partie de ladite terre, anciennement possédée par Joseph Decuois, acquise par lui des héritiers de Jean-Baptiste-Henri SIGNIER de Piosin, et, le même jour, rendit hommage pour Evenos et Orves (2) ; fit son test., le 6 juin 1713 (3), par lequel il élit sa sépulture en l'église d'Evenos, nomme François SIGNIER, son beau-frère, chev. de St-Jean-de-Jérusalem, lieut. de vaisseaux, Claire et Françoise THOMAS, ses filles, et institue pour héritier son fils unique, Jean, mineur de 18 ans. Il avait ép., à Evenos, le 6 déc. 1701, Marie-Anne SIGNIER (4), fille de Jean-Baptiste, sgr de Piosin, et de Anne ARÈNE, de Toulon ;

d'où : 1. Jean, dont l'article suit ;

    2. Lucrèce-Marguerite, née vers 1704, mourut à Toulon (5), le 5 oct. 1706, et fut ensevelie en la paroisse ;

    3. Claire, légataire de son père au test. du 6 juin 1713, religieuse à la Visitation ;

    4. Françoise, légataire de son père au test. du 6 juin 1713, était pensionnaire à la Visitation, le 26 oct. 1728.

XVIII. Jean THOMAS, sgr d'Evenos, Orves, etc., né, à Evenos, le 21 mai 1702, garde de la marine ; prêta hommage, pour

---

(1) Bibl. Nat., cabinet des titres.

(2) Arch. B.-du-Rhône, B, 803, f° 3 v°.

(3) Louis Martelli, not. à Ollioules (Bibl. Nat., cabinet des titres). Exécuteurs testamentaires : N... Martini d'Orves, lieut. de vaisseaux et Joseph Thomas de Beauvais, enseigne de vaisseaux, ses parents.

(4) Reçut procuration de son mari, en 1709, et mourut avant le 6 juin 1713 (testament de son mari).

(5) Ste-Marie.

Evenos et Orves, le 24 janv. 1720 (1) ; vendit, le 26 oct. 1728 (2),
tout ce qu'il possédait à Orves à Joseph Martini, déjà esgr
d'Orves, pour le prix de 9.500 l., payables à Claire et Françoise,
ses sœurs, quand elles auraient 25 ans ; désempara la moitié du
fief d'Evenos avec ses droits seigneuriaux à son oncle François
Signier de Piosin, chev. de St-Jean-de-Jérusalem, le 20 août
1739, pour le prix de 42.819 l. ; se qualifiait *ancien seigneur*
d'Evenos et d'Orves, dans une procuration à sa femme du 2 juin
1741 (2) ; fit un acte déclaratoire, le 30 juil. 1761 (3), pour établir
que son nom était *Jean* et non *Jean-Baptiste*. Il avait ép., à Aix
(4), le 17 août 1727, Madeleine Catelin (5), fille de Laurent,
écrivain de la marine, et de Marie-Anne-Eléonore Alleman ;
d'où : 1. Joseph-Ptolémée, né vers 1730, mourut, à Toulon (6), le
26 nov. 1741, et fut enseveli à Evenos ;

2. Joseph-Gaspard, dont l'article suit ;

3. Joseph-François-Gaspar, né à Evenos, le 24 mars 1743,
bapt. le surlendemain ; reçut la tonsure, à Marseille, le
22 déc. 1759 ; obtint de l'Evêque de Toulon, le 10 juin
1761, attestation de bonnes vie et mœurs ; fut nommé le
13 du même mois, chanoine du chapitre noble de St-
Victor, à Marseille, en la place de Joseph-Amable-
Onuphre de Pontevès, et fit ses preuves de noblesse,
les 17 et 19 sept. 1761 ;

(1) Arch. B.-du-Rhône, B, 803, f° 353.
(2) Imbert, not. au Beausset (Bibl. Nat., cabinet des titres).
(3) Molinier, not. à Toulon.
(4) St-Sauveur.
(5) Née vers 1706, mourut le 7 fév. 1789.
(6) Ste-Marie.

4. Marie-Anne-Madeleine, née à Aix (1), le 14 nov. 1726, bapt. le lendemain (2) ;

5. Madeleine-Rossoline-Victoire, née à Evenos, ondoyée le 20 oct. 1732, bapt. le 19 janv. 1733 (3) ;

6. Marie-Anne, née à Evenos, bapt. le 23 mars 1736 (4) ;

7. Marie-Anne-Rose, née le 9 mars 1738, ondoyée le lendemain, bapt. à Toulon (5), le 31 août 1741 (6) ;

8. Françoise-Geneviève, née à Evenos, bapt. le 23 mars 1741 (7) ;

9. Louise-Antoinette, née à Toulon (5), bapt. le 8 août 1746 (8) ;

10. Françoise, née vers 1745, mourut à Toulon (5), le 23 déc. 1747.

XIX. Joseph-Gaspar THOMAS d'Evenos, ép., à Marseille (9), le

(1) St-Sauveur.

(2) Parr., Honoré AUBIN ; marr., Madeleine de BELLENOT. Le père est dit absent, et aux signatures on lit : SENEZ, procureur du s' d'Orves. Les père et mère ne sont pas dits mariés, puisqu'ils ne le furent que l'année suivante. L'enfant n'est qualifié ni naturel, ni légitime.

(3) Parr., Victor   b' de BAUDOUVIN, enseigne des vaisseaux du Roi ; marr., Rossoline-Victoire de VILLENEUVE de Trans.

(4) Parr., Jean-Joseph GENTIL d'Artifel, lieut. de grenadiers ; marr., Claire MONTAGNE.

(5) Ste-Marie.

(6) Parr., Henri de SABE de Vauredonne, officier de marine ; marr., Marie Barbe CATALIN.

(7) Parr., Jean-Baptiste BERNEL, médecin ; marr., Madeleine-Esther du BARRIT (ou DUBARRIT).

(8) Parr., Louis BEAUSSIER d'Airand, capit. d'artillerie de marine, chev. de St-Louis ; marr., Françoise-Antoinette de MALERBOU.

(9) N.-D. du Mont.

9 fév. 1790, Anne PELLEVRAULT, fille de Jacques et de Madeleine
MICHELET (1).

BRANCHE

DES SEIGNEURS DE MILHAUD & DE GIGNAC

XIV. Barthélemy THOMAS, sgr de Milhaud, le Revest, l'Escaillon, csgr de St-Martin-de-Pallières, 3e fils de Pierre, sgr de
Ste-Marguerite, et de Honorade SIGNIER ; licencié ès-lois, juge à
Toulon ; reçut, de son père, en mariage, l'île de Milhaud, une
maison à Toulon et la chapelle y annexée, etc. ; fut reçu, le 15
mars 1544, conseiller au Parlement de Provence en la charge de
f. Gaspard ARCUSSIA d'Esparron, conseiller clerc ; prêta hommage au Roi, le 20 juin 1552 ; fit cession à son frère Honoré, sr
de Val-Dardenne, le 27 nov. 1569 (2) ; passa arrentement de la
terre du Revest, le 28 janv. 1577 (3) ; fit ériger en fief noble,
relevant du Roi, avec juridiction moyenne et basse, une propriété
appelée l'Escaillon, qu'il avait au territoire de Toulon, confrontant
celui d'Ollioules, avec château et un bon revenu, à la charge
d'un *Henri d'or* à chaque 1er janvier, par lettres données
à Paris en décembre 1577, vérifiées et enregistrées à la
Cour des Comptes, le 16 mai 1578 (4) ; fit son test., le 20 oct.

(1) De Solonne-Ville, du diocèse de Blois.

(2) Brisson, notaire.

(3) Deydier, notaire.

(4) Arch. B.-du-Rhône, B, 67 (R. *Cometa*), f° 86. Malgré cette érection du fief d'Escaillon en faveur de Barthélemy THOMAS, on ne le retrouve plus dans l'héritage de ce
seigneur. Il paraît avoir été divisé entre les SIGNIER et les RIPERT.

Lucrèce SIGNIER, par son mariage en 1612, en reporta une portion à Jacques THOMAS,

1580 (1). Il avait ép., en 1res noces, suiv. contrat du 6 nov. 1543
(2), Marguerite VENTO, fille de Louis et d'Isabeau MEILHORI ; en
2es noces, suiv. contrat du 5 juin 1565 (3), Marguerite de GLAN-
DEVÈS (4), dame de Carros, fille de f. Charles, sgr de
St-Martin-des-Pallières, Courmes, Carros, etc., et de Marguerite
de GRASSE ; et, en 3es noces, suiv. contrat du 15 sept. 1582 (5),
Silvestre DIGNE (6), dame de Gignac, Menerbe et Roquefure,
fille de Jean, sgr de Gignac, Menerbes et Roquefure, et de Jeanne
Roux de Lamanon ;

d'où : du 1er lit,

    1. Henri (ou Honoré), prévôt de l'église de Toulon ;

    2. Pierre, ecclésiastique ;

    du 2e lit,

      3. Charles, dont l'article suit ;

sgr de Beaulieu, fils de Nicolas, sgr de Ste-Marguerite.

  Gabrielle RIBAUT de Carqueirane, par son mariage en 1704, en reporta une autre partie
à Joseph THOMAS, sgr de la Valette, qui en prêta hommage en 1710.

  (1) Nicolas Borilli, not. à Aix. Moreri donne à ce test. la date de 1599 (qui pourrait
être celle d'un deuxième test.), et dit que Barthélemy THOMAS fut inhumé à Toulon dans
la chapelle de Ste-Anne que son père avait fondée en la cathédrale. D'un autre côté, les
Tables de M. de Clapiers, actuellement à la bibliothèque Méjanes, à Aix, portent que
Barthélemy THOMAS mourut à Aix en juil. 1580 et fut enseveli à St-Sauveur, ce qui ne
concorderait pas avec les testaments ci-dessus mentionnés, et se trouve forcément faux,
puisqu'il se remaria en 3es noces en 1582.

  (2) D'Escallis, not. à Marseille (Bibl. Nat., cabinet des titres). Dot : 9.050 l. t. y
compris 20 écus d'or du chef de sa mère.

  (3) Guillaume Brueys, not. à Aix (Mouravit en 1896).

  (4) Elle avait ép., en 1res noces, Gaspar ARCUSSIA d'Esparron, cons. au Parl. d'Aix, à la
charge duquel Barthélemy THOMAS avait succédé.

  (5) Catrebard, not. à Aix.

  (6) Elle avait ép., en 1res noces, Claude Tertz, sgr de Beaumont.

et du 3e lit;

4. Blanche, née à Aix (1), bapt. le 13 nov. 1583 (2), ép.,
   suiv. contrat du 23 juil. 1599 (3), Honoré GRIMALDY, fils
   de René, sgr d'Antibes et de Courbons, et de Yolande-
   Claude de VILLENEUVE de Trans.

XV. Charles THOMAS, sgr de Milhaud, csgr de St-Martin-de-
Pallières, Courmes, Gignac, le Revest, Roquefure, etc.; prêta
hommage pour ces terres, le 16 déc. 1596 (4). Il avait ép., suiv.
contrat du 28 mars 1585 (5), Jeanne-Bernardine TULLE (6),
dame de Gignac et Roquefure (7), fille de f. Claude, sgr de
Beauménil, et de Sylvestre DIGNE, dame de Gignac, Ménerb. 3,
Roquefure;

d'où : 1. Bernard, dont l'article suit;

2. Honoré, sgr de Milhaud, csgr de St-Martin-de-Pallières,
   etc., né à Aix (1), bapt. le 27 août 1600 (8), héritier de
   son père, fut maintenu dans sa noblesse par jugement
   du 15 oct. 1667, et fit son test. le 22 janv. 1672 (9), par

(1) St-Sauveur.

(2) Parr., Antoine THOMAS de St-Marguerite ; marr., Blanche de CHATEAUNEUF.

(3) Catrebard, not. à Aix.

(4) Arch. B.-du-Rhône, B, 792, fo 182.

(5) Catrebard, not. à Aix, et Lazare, not. à Apt (Bibl. Nat., cabinet des titres). Présents : la mère de la future et Jeanne Roux, dame de Ménerbes, femme de M. du CASTELLET,
cons. en la Cour, son aïeule maternelle.

(6) Fit son test. le 10 avril 1596.

(7) Fut déchargée du droit de franc-fief par jugement du 14 août 1631 (1er registre desdits
jugements, fo 27) ; fit son test., le 20 avril 1658 (Lazare, not. à Apt), par lequel elle lègue
à son fils Honoré, à Anne, sa fille, veuve, à Jean-Baptiste, son autre fils, et institue pour
héritier son petit-fils Melchior THOMAS, fils de Bernard.

(8) Parr., Honoré de GRIMALDY ; marr., Honorée de PONTEVÈS.

(9) Corlabes, not. à Apt, 590 v..

6

lequel il institue héritiers ses fils Charles et François, par égale part. Il avait ép., suiv. contrat du 27 juin 1627 (1), Marie MASSE, fille de Jean, sgr de Rustrel, et de Lionne du Bois de St-Vincent ;

d'où : A. Charles, sgr de Milhaud, csgr de Rustrel ; présenté à Malte, en 1654, reçu chev. de St-Jean-de-Jérusalem, la même année ; prêta hommage au Roi pour partie de la terre de Rustrel, le 1er fév. 1673, et mourut avant le 14 avril 1736. Il avait ép., avec dispenses, suiv. contrat du 31 janv. 1672 (2), Marianne MASSE (3), sa cousine germaine, fille de François, sgr de Rustrel, et de Marie ORCEL de Plaisian ;

d'où : a. Ignace, sgr de Milhaud et de Rustrel, ép., suiv. contrat du 10 oct. 1705 (4), Thérèse FORESTA, fille de Scipion-Antoine, sgr de Moissac, et de Magdeleine ARMAND de Laurencin-Mizon ;

b. Jean-Baptiste-Barthélemy, sgr de Milhaud et de Rustrel, né à Apt, le 24 janv. 1678, bapt. le même jour (5) ; présenté à Malte, le 6 janv. 1696; reçut de son père, le 19 du même mois (6),

(1) Degadret, not. à Apt.

(2) Cortasse, not. à Apt, 200 v..

(3) Mourut avant le 19 janv. 1690.

(4) Honde, not. à Aix.

(5) Parr., Barthélemy MASSE de Rustrel ; marr., Françoise MANS de Liviers.

(6) Lazare, not. à Apt.

une pension de 300 l. ; admis chev. de
St-Jean-de-Jérusalem, au gd-prieuré de
St-Gilles, à Arles, le 10 mai 1697,
suiv. enquête terminée à Aix, le 23
janv. 1696. Il avait ép., à Avignon (1),
le 14 avril 1736, Marie-Virginie des
Balbs-Berton (2), fille de François-
Félix, duc de Crillon, et de Marie-
Thérèse Fabry de Montcault ;

c. Rose, mourut en bas âge ;

B. François, esgr de St-Martin, habitant à Arles,
capit. au régim. de Dampierre, fut maintenu
dans sa noblesse par jugement du 15 oct. 1667;
fit son test., le 12 nov. 1672 (3), par lequel il
institue pour son héritière sa fille Marie, et
mourut des blessures qu'il reçut au siège de
Grave. Il avait ép., suiv. contrat du 8 oct. 1663
(4), Françoise Mars de Liviers, fille de Mar-
cellin, sgr de Noyers, et de f. Marthe Meyran
d'Ubaye ;

d'où : a. Anne-Pierre, née à Arles (5), le 13
avril 1666, bapt. le 5 mai suiv. (6) ;

(1) La Principale.

(2) Ep., en 2es noces, en 1749, Henri-César-Raymond-Hyacinthe Brancas, bar. de Lascours.

(3) Claude Collavier, not. à Apt.

(4) Jean-Baptiste Jean, not. à Arles. Donation générale par le père de la future, sous réserve d'usufruit de 8.000 l.; donation de 40.000 l. par le père du futur.

(5) St-Julien.

(6) Parr., Jean-Baptiste Thomas, commandeur de Montfrin.

b. Marie, dame de Rustrel, ép., le 18 juin 1683, Pierre-Jacques-Marcien GAUTIER, fils de Jean-Baptiste, sgr de Grandbois, et de Claire CARDEBAS de Bot, sa 2me femme ;

C. Anne, religieuse à l'abbaye royale de Ste-Croix;

D. Jeanne, id. ;

E. Charlotte, ép., en 1660, Charles-Joseph JOANNIS, fils de Pierre, sgr de Verclos, et de Louise de JULIAN, du lieu de Bédarrides;

3. Jean-Baptiste, né vers 1603 (1), bapt. à Aix (2), le 31 mars 1607 (3) ; reçu chev. de St-Jean-de-Jérusalem, en 1622; reçut donation de sa mère, le 14 (*alias* 19) déc. 1652 (4), pour payer sa rançon en cas de captivité; commandeur de Montfrin et de St-Christophe ; fonda, le dernier .ëv. 1670 (5), un anniversaire dans la chapelle de Ste-Anne, à Apt, et y fut enseveli (6) ;

4. Charles, né vers 1606, bapt. à Aix (2), le 31 mars 1607 (7); présenté à Malte, en 1628, reçu chev. de St-Jean-de-Jérusalem, la même année ;

(1) Son acte de baptême dit expressément qu'il n'était pas jumeau de son frère Charles, baptisé le même jour que lui ; qu'il avait 4 ans, et son frère un an.

(2) St-Sauveur.

(3) Parr., Nicolas THOMAS de Ste-Marguerite ; matr., Julie (VINCENS) d'Agoult de Rognes.

(4) François Lazare, not. à Apt (Bibl. Nat., cabinet des titres).

(5) Eymieu, not. à Apt.

(6) Son tombeau fut découvert dans le milieu du XIXe siècle, lorsqu'on repava cette chapelle.

(7) Parr., Melchior THOMAS de Pierrefeu ; matr., Catherine d'Oraison.

5. Etienne, né à Aix (1), bapt. le 16 janv. 1612 (2) ;

6. Claude, né à Aix (1), bapt. le 22 janv. 1613 (3) ;

7. Anne, née à Aix (1), bapt. le 11 avril 1593 (4), ép., à Aix, suiv. contrat du 5 oct. 1616 (5), Pierre RIPERT, de la ville d'Apt, fils de Rolland, dont les descendants furent sgrs de Montclar, St-Saturnin, etc., et de Blanche DONODEI.

XVI. Bernard THOMAS, sgr de Gignac, Roquefure, etc., capit. d'infant. dans le régim. de FORBIN de Janson, mourut vers 1640. Il avait ép., suiv. contrat du 28 mars 1618 (6), Madeleine BÈGUE (7), fille de Pierre, éc., et de Claire GARNIER de Manville ; d'où : 1. Pierre, mourut à Aix (1), et fut enseveli le 20 déc. 1620 à St-Sauveur ;

    2. Melchior, dont l'article suit ;

    3. Pompée, légataire de sa mère, mourut jeune ;

    4. Anne, légataire de sa mère.

(1) St-Sauveur.

(2) Parr., Etienne THOMAS ; marr., Marguerite THOMAS.

(3) Parr., Claude ARNAUD, chanoine ; marr., Suzanne de TULLE.

(4) Parr., Charles CLAPIERS, sgr de Collongues ; marr., Silvestre de DIGNE.

(5) Borelli, not. à Aix.

(6) Jean Roque, not. à Marseille (insin. de Marseille, 1141). Présents : la mère du futur et Honoré THOMAS, son frère ; les père et mère de la future et Henri GARNIER, lieut. en la sénéchaussée au siège de Marseille.

(7) Fit son test. le 2 mars 1641 (H. Courtois, not. à Apt. Bibl. Nat., cabinet des titres), étant épouse, en 2es noces, de François-Antoine de REMERVILLE, par lequel elle lègue à Pompée et Marie THOMAS, ses enfants du 1er lit (quand Pompée aura 25 ans et quand Marie sera religieuse ou mariée), à Madeleine et Anne de REMERVILLE, ses filles du 2e lit, et institue pour héritier Melchior THOMAS, son fils, révoquant le test. qu'elle avait fait en mai 1613 (André Dorligues, not. à Apt).

XVII. Melchior THOMAS, sgr de Gignac, Roquefure, etc. ;
héritier de sa mère et de sa tante Anne THOMAS ; donna dénombrement de ses terres de Gignac et Roquefure, le 10 juin 1668 ;
maintenu dans sa noblesse par jugement du 18 janv. 1669 ; prêta
hommage au Roi pour ses terres, le 30 janv. 1673 ; fut déchargé
du droit de franc-fief par jugement du 4 juil. 1674, et fit son test.,
le 12 août 1674 (1), par lequel il lègue à sa femme l'usufruit de
ses biens et de ceux de sa tante Anne THOMAS, dame de la
Verrière, dont il a hérité, lègue à son fils Jean, à ses filles
Jeanne-Bernardine et Marie-Thérèse, et institue pour héritier
Jean-Baptiste THOMAS, son fils aîné, lui substituant Jean, son
autre fils, puis ses filles, à condition que leurs enfants porteront
le nom de THOMAS. Il avait ép., suiv. contrat du 7 fév. 1651 (2),
Anne PELISSIER (3), fille de Vincent, éc., et de f. Louise BERMOND
de Vachères, du lieu de Simiane ;

d'où : 1. Jean-Baptiste, dont l'article suit ;

    2. Jean, capit. dans le régim. de Bourgogne, puis dans
    celui du Roi ; fit donation, en 1695 (4), à Jean-Baptiste
    THOMAS, son frère, de tous les biens et droits, présents

(1) Guillaume de la Pierre, not. à Apt (Bibl. Nat., cabinet des titres).

(2) Ollier, not. à Apt. Présents : Honoré THOMAS, sgr de Milhaud, Jean-Baptiste THOMAS,
commandeur de St-Jean-de-Jérusalem, oncles du futur ; François-Antoine de REMERVILLE,
époux de sa mère ; Vincent PELISSIER, père de la future ; Etienne PELISSIER, doct. en
théologie, prieur de Simiane, son oncle ; Jean BERMOND, sgr de Vachères, son aïeul
maternel ; Isabeau de SOLLE, sa belle-mère, et femme de son père ; Gasparde de SIFFRIN,
épouse BERMOND de Vachères, son aïeule maternelle ; Isabeau BRUNET, veuve de Pierre
PELISSIER, éc. d'Apt, son oncle.

(3) Petite-nièce de Jean PELISSIER, évêque d'Apt.

(4) Durand, not. à Apt (Bibl. Nat., cabinet des titres).

et à venir, provenant de Melchior, leur père commun, de Anne de REMERVILLE, leur tante utérine, et de Anne PELISSIER, leur mère, moyennant une pension annuelle, et fut tué au siège de Verrue ;

3. (1) Vincent, mourut à Paris en 1673 ;

4. Jeanne-Bernardine, ép., suiv. contrat du 4 oct. 1682 (2), Joseph-François de REMERVILLE, sr de St-Quentin, fils de Antoine-François et de Élisabeth de MASARGUES ;

5. Marie-Thérèse, légataire de son père au test. du 12 août 1674.

XVIII. Jean-Baptiste THOMAS, sgr de Gignac, Roquefure, etc.; reçut hommage des habitants de Roquefure, le 7 oct. 1706 (3), comme étant leur seigneur foncier et universel, et prêta hommage au Roi pour lesdites terres et sgries, le 2 mars 1723. Il avait ép., suiv. contrat du 23 janv. 1691 (4), Marguerite GUÉRIN (5), fille de

(1) D'après M. de Rozière.

(2) Cortasse, not. à Apt (Bibl. Nat., cabinet des titres). Présents : Jean-Baptiste THOMAS, frère de la future ; Charles THOMAS de Milhaud, son cousin ; Poncet BERMOND, prieur de Vachères, prévôt d'Apt, François-Anne BERMOND de Vachères, lieut. des soumissions au siège de Forcalquier, Joseph BERMOND de Besaure, ses oncles maternels.

(3) Bibl. Nat., cabinet des titres.

(4) Cortasse, not. à Apt (Bibl. Nat., cabinet des titres). Présents : Anne PELISSIER, mère du futur ; Joseph-François de REMERVILLE, son beau-frère ; Charles THOMAS de Milhaud ; Joseph BERMOND de Besaure ; Joseph SALLIER (ou SOLLIER), prieur de Vachères ; Jean-Baptiste GUÉRIN, père de la future ; Jean GAILLARD, prince-évêque d'Apt, son oncle ; Jean GUÉRIN, chev. de St-Jean-de-Jérusalem, et François GUÉRIN, abbé, ses frères ; Madeleine GUÉRIN, sa sœur, femme de François de MONIER, sgr de Châteaudeuil ; (Gaspar) GAILLARD, président aux Comptes à Aix.

(5) Elle avait reçu un legs au test. du 16 juin 1680 (Michel Daniel, not. à Aix), de r. Madeleine GAILLARD, sa tante, sous-gouvernante des enfants de France, épouse de Gaspar

Jean-Baptiste, baron du Castellet, et de f. Marguerite GAILLARD
de Longjumeau ;

d'où : 1. Jean-Baptiste-Bruno, dont l'article suit ;

2. Jean-Joseph-*Gabriel*, né et bapt. à Apt, le 6 fév. 1700 ;
présenté à Malte, le 1er oct. 1712, et suiv. enquête terminée à Aix, le 12 déc. 1712, reçu chev. de St-Jean-de-
Jérusalem au grand prieuré de St-Gilles, à Arles, le 27
du même mois ; page du grand maître, officier sur les
vaisseaux de l'ordre ; renonça, le 28 déc. 1728 (1), au
moment de prononcer ses vœux, à sa part héréditaire
au profit de celui de ses frères que son père désignerait,
et sous réserve de pension ;

3. Barthélemy, chev. de St-Jean-de-Jérusalem ;

4. Elzéard-*Ignace*-Roncarie, né à Apt, le 11 août 1714 (2) ;
reçu chev. de St-Jean-de-Jérusalem au grand prieuré de
St-Gilles, à Arles, en 1722, sur les preuves de son frère
Jean-Joseph-Gabriel ;

5. Anne-Marguerite, ép. Jean-Joseph RENAUD de Fonsbelle, fils de *N*... et de *N*... ;

6. Marie-Anne, religieuse ;

7. Rose, religieuse ;

8. *N*... ;

9. Dauphine, ép., en 1735, Joseph RIPERT, sgr de Barret,

VENEL, écuyer, conseiller au Parlement de Provence, et était héritière de Lucrèce GUÉRIN,
sa sœur, religieuse de Ste-Catherine, à Apt.

(1) Jean-Laurent André, not. à Bonnieux (Bibl. Nat., cabinet des titres).

(2) Parr., Joseph-Ignace THOMAS de Milbaud ; marr., Mariane de SIMIANE-Moucha, mis
(THOMAS de la Garde) de Villeneuve.

fils de André et de Marie-Rose ARTAUD de Montauban ;

10. *N...*, ép. *N...* de Clémens.

XIX. Jean-Baptiste-Bruno THOMAS, sgr de Gignac et Roquefure, né à Apt, ondoyé le 23 juin 1694, bapt. le 14 sept. suiv. (1). Il avait ép., suiv. contrat du 20 juin 1735 (2), Marie-*Françoise* GANTEAUME, fille de n. Jacques, avocat, et de Anne DILLE ;

d'où : 1. Jean-Baptiste-Henri-Bruno, né à Apt, le 2 juin 1736, bapt. le 5 du même mois (3) ; fut admis sur preuves dans le corps de la noblesse à l'assemblée des États de Provence, en 1787 ;

    2. *N...*, chanoine du chapitre de St-Victor à Marseille ;

    3. Françoise-Henriette, née à Apt, vers 1747, mourut à Avignon, le 13 fév. 1819.

BRANCHE

DES SEIGNEURS DE VALDARDENNE

XIV. Honoré THOMAS de Ste-Marguerite, sgr du Revest, Valdardenne, csgr de Pierrefeu, etc., quatrième fils de Pierre, sgr de Ste-Marguerite, et de Honorade SIGNIER, avait pris l'habit de chanoine régulier de St-Augustin à Pignans et y avait fait

---

(1) Parr., Jean GUÉRIN, commandeur du Temple à Agen ; marr., Jeanne-Bernardine THOMAS, ép. Joseph-François REMERVILLE de St-Quentin.

(2) Raymond, not. à Aix. Outre la dot fournie par le père et la mère, la future reçut 2,000 l. du chef de Anne GANTEAUME, sa tante, ép. de François CAUVIÈRE, cap. de brûlots, et 1.500 l. d'un legs à elle fait par f. Jean-Baptiste DILLE, son oncle, présid. très. gén. de France au bureau des finances de Provence. Le futur approuva la vente d'une maison faite par son père à Jean-Joseph RENAUD de Fontbelle, gendre de celui-ci.

(3) Parr., Jean-Baptiste THOMAS de Gignac, aïeul ; marr., Anne DILLE de Ganteaume.

profession, contre son intention, pour complaire à son père qui l'y avait obligé en lui procurant le bénéfice de camérier de ce chapitre ; il fut même nommé protonotaire apostolique et cᵗᵉ palatin et obtint du Parlement d'Aix, le 13 fév. 1560 (1), le droit de jouir des privilèges attachés à ces titres ; mais, ayant réclamé en temps utile, il fit déclarer, après la mort de son père, ses engagements nuls, par sentence de l'évêque de Senez et du prévôt de Pignans, qui furent ses commissaires, et obtint un bref du pape Pie V, lui donnant autorisation de se marier, nonobstant sa profession, faite en l'église de Pignans ; fut fait prisonnier par le duc d'Epernon, en 1595 ; paya 18.000 l. pour sa rançon ; acheta une portion de la terre de Pierrefeu ; fit son test., le 18 juin 1597 (2), par lequel il lègue à Arnaud de GLANDEVÈS, son petit-fils, à Isabeau et Rosalie, ses filles, à François, Melchior et Balthasar, ses fils, institue pour héritier son fils Louis, lui substituant l'aîné des fils dudit Louis, puis ses propres fils Melchior et François, et à ceux-ci Charles THOMAS, sgr de Milhaud, son neveu ; fit encore un codicille, le 20 sept. 1599 (3). Il avait ép., suiv. contrat du 6 mars 1568 (4), Lucrèce de VINTI-MILLE (5), fille de Melchior, sgr du Revest et de Valdardenne, et de Marguerite de SIMIANE ;

(1) Bibl. Nat., cabinet des titres.

(2) Nicolas Baudoin, not. à Aix (Bibl. Nat., cabinet des titres). Exécuteurs testamentaires : Magdelon THOMAS, sgr d'Evenos, et Antoine THOMAS de Sᵗᵉ-Marguerite et la Valette, sgr de Châteauneuf, ses neveux.

(3) Louche, notaire.

(4) Guillaume Guidi, not. au Revest (Bibl. Nat., cabinet des titres). La future reçoit donation de son frère Antoine de VINTIMILLE, sgr de Valdardenne.

(5) Mourut avant le 22 sept. 1596 (contrat de mariage de sa fille Rose).

d'où : 1. Louis, dont l'article suit ;

2. François, archidiacre de l'église de Toulon, protonotaire apostolique ; parr. à Toulon, le 20 juin 1632, de sa nièce Françoise THOMAS, fille de Melchior ;

3. Melchior, tige des sgrs de Pierrefeu, rapportés plus loin ;

4. Balthasar, reçu chev. de St-Jean-de-Jérusalem, en 1604;

5. Isabeau, ép., suiv. contrat du (1), Jean-Baptiste de GLANDEVÈS, sr de Beaudument (*probabl.*) fils de Pierre-Isnard, sgr de Cuers, et de Jeanne de VILLENEUVE d'Espinouse ;

6. Rose (*alias* Rosalie *et* Rosane), marr. à Toulon, le 26 janv. 1630, de François THOMAS de Ste-Marguerite. Elle avait ép., en 1res noces, suiv. contrat du 22 sept. 1596 (2), Annibal SIGNIER, fils de Bernardin et de Anne FERRIER; et, en 2es noces, Balthasar PARISON (*alias* PARIS), esgr du Revest.

XV. Louis THOMAS, sgr de Valdardenne, Pierrefeu, le Revest, etc. ; émancipé par son père, le 1er janv. 1592; déchargé du payement du droit de franc-fief par jugement du 26 mars 1608 ; fit donation d'un jardin, le 23 mai 1622 (3), à une confrérie de pénitents ; viguier de Toulon, en 1614 (4); reçut commission d'une compagnie de milice, le 8 mars 1632, et mourut avant le

---

(1) Chaufard, not. au Luc.

(2) Louis Couchon, not. à Toulon (insin. d'Hyères, 65).

(3) Vacon, not. à Toulon (insin. d'Hyères, 1310).

(4) Arch. de Toulon, FF, 4 et 5.

20 mars 1635 (1). Il avait ép., en 1res noces, suiv. contrat du 27
août 1589 (2), Angélique de Pierrefeu, dame dudit lieu, fille de
f. François et de Sibylle de Glandevès, S. P. ; et, en 2es noces,
suiv. contrat du 19 sept. 1596 (3), Lucrèce Signier, fille de
Bernardin et de f. Anne Ferrier ;

d'où : du 2e lit,

1. François, dont l'article suit ;
2. Charles, présenté à Malte, en 1630, reçu chev. de S^t-
   Jean-de-Jérusalem, en 1631 ;
3. Françoise, ép., suiv. contrat du 27 avril 1619 (4), Louis
   Reisson (5), lieut. général en l'amirauté au siège de
   Toulon, fils de f. Jean et de Catherine Filhol.

XVI. François Thomas, sgr de Valdardenne, le Revest, etc. ;
émancipé par son père, le 12 nov. 1626 ; capit. d'infanterie dans
le régiment de Montmeyan, par commission du 20 mars 1635 ;
vendit, le 26 mai 1640 (agissant comme héritier de son père
Louis et de son aïeul Honoré Thomas), à la ville de Toulon, les
moulins de Valdardenne ; était séparé de biens avec sa femme,
avant le 20 oct. 1657 (6) ; fut maintenu dans sa noblesse par
jugement du 5 avril 1669 ; mourut à Toulon, le 19 août 1690, et
fut enseveli le lendemain en la paroisse Ste-Marie, dans le tom-

---

(1) Vente passée par son fils François.

(2) Ricard, not. à la Valette (insin. d'Hyères, 246).

(3) Aubert, not. à Toulon (insin. de Toulon, 1630 à 1653, f° 430).

(4) Vacon, not. à Toulon (insin. d'Hyères, 959).

(5) Veuf de Marguerite de Gaimard.

(6) Mouton, not..

beau de ses aïeux. Il avait ép. à Marseille (1), le 14 sept. 1625,
Marquise Doria (2), fille de Blaise, éc., et de Marguerite de
Rissi ;

d'où : 1. Honoré, dont l'article suit ;

      2. François, présenté à Malte, en 1649, reçu chev. de St-
          Jean-de-Jérusalem, en 1651, lieut. des vaisseaux du
          Roi ; mourut à Toulon, le 6 mars 1674, et fut enseveli le
          lendemain dans la tombe de ses aïeux ;

      3. Antoine, fut tué en duel ;

      4. Jean, présenté à Malte, en 1665, reçu, la même année,
          chev. de St-Jean-de-Jérusalem, capit. d'infanterie ;
          assista, le 5 juin 1667, au mariage de son frère Honoré ;

      5. Balthasar, né à Toulon, bapt. le 16 fév. 1630 (3) ;

      6. Louis, né à Toulon, bapt. le 18 avril 1642 (4) ;

      7. Pierre, né à Toulon, bapt. le 20 juin 1644 (5) ;

      8. Marguerite, née à Toulon, bapt. le 21 déc. 1645 (6).

XVII. Honoré Thomas, sgr de Valdardenne, le Revest, etc. ;
émancipé par son père, le 3 juin 1650 (7) ; mourut à Toulon, le 3
oct. 1676, et fut enseveli le même jour dans la tombe de ses

(1) Les Accoules.

(2) Sœur de Marguerite Doria, qui avai épousé Melchior Thomas de Pierrefeu, oncle de
François.

(3) Parr., Bertrand Signier ; marr., Anne-Marguerite Doria.

(4) Parr., Gaspar Raisson ; marr., Victoire (Nas) de Tourris.

(5) Parr., Pierre Jouillen (Garnier de Jullians) ; marr., Honorade de Curas, d'Ollioules.

(6) Parr., Vincent Ricard, lieut. en l'amirauté ; marr., Marguerite Barthélemy de
Ste-Croix.

(7) Insinuations de Toulon, 1290.

ancêtres. Il avait ép. à Toulon, le 5 juin 1667 (1), suiv. contrat
du 23 du même mois (2), Anne Solliès, fille de n. François (3),
et de Marguerite de Temple ;

d'où : 1. François, né à Toulon, le 21 juil. 1669, bapt. le même
jour (4), mourut au service du Roi ;

2. Honoré, né à Toulon, le 24 avril 1671, bapt. le lendemain (5), mourut au service du Roi ;

3. Melchior, né jumeau à Toulon, le 23 mars 1673, bapt. le
même jour (6) ;

4. Joseph, né jumeau à Toulon, le 23 mars 1673, bapt. le
même jour (7) ;

5. Hubert, né à Toulon, le 11 mai 1674, bapt. le même jour
(8), mourut à Toulon, le 17 déc. 1675, et fut enseveli le
même jour dans le tombeau de ses ancêtres ;

6. Marquise, née à Toulon, bapt. le 3 avril 1668 (9),
mourut en bas âge ;

7. Marie, mourut à Toulon, le 3 août 1679, et fut ensevelie
au tombeau de ses ancêtres.

(1) Témoins : Jean Thomas, chev. de S-Jean-de-Jérusalem ; Jean Escudier.

(2) Martelli, not. à Toulon (insin. de Toulon, 1431).

(3) Ancien capit. au régiment d'Auvergne.

(4) Parr., François Raisson ; marr., Rosanne d'Artigues.

(5) Parr., Honoré Ripert, sgr de Carqueirane ; marr., Claire de Lueil.

(6) Parr., Melchior Thomas de Châteauneuf ; marr., Anne Gassendi.

(7) Parr., François Thomas ; marr., Gabrielle (Papillon) de Source.

(8) Parr., Hubert de Vintimille du Luc ; marr., Marcelle de Castellane.

(9) Parr., Charles de Paris, sr d'Eclot de Sausicude, capit. des vaisseaux du Roi ;
marr., Marquise Doria.

BRANCHE

DES SEIGNEURS DE PIERREFEU (A)

XV. Melchior Thomas, esgr de Pierrefeu, 2e fils d'Honoré, sgr de Valdardenne, et de Lucrèce de Vintimille du Revest ; fut reçu, le 1er janv. 1606, conseiller en la Cour des Comptes, Aides et Finances de Provence, en une charge de la crue de 1595 (1) ; fit diverses acquisitions à Pierrefeu en raison desquelles il prêta hommage au Roi, les 10 oct. 1631 (2), 4 mai 1635 (3), et 7 nov. 1637 (4) ; érigea, le 3 déc. 1647 (5), en arrière-fief de sa sgrie de Pierrefeu, la bastide de Baux *(alias* Banaux), sous le nom de St-Pierre, la bastide Blanche, sous le nom de Beauvais, et le Logis, sous le nom de la Penne, à charge de relever de la haute juridiction de Pierrefeu ; fit son test., le 7 sept. 1649 (6), par lequel il institue pour héritier son fils Blaise et lègue à Claude, Gaspar, Antoine et Honoré, et mourut le lendemain, 8 sept. 1649. Il avait ép. à Marseille (7), le 22 fév. 1609, suiv. contrat de la veille (8), Marguerite (9) Doria, fille de Blaise, éc., et de Marquise de Rissi ;

(1) Arch. B.-du-Rhône, B, 89 (Reg. *Fides*, f° 411). Il vendit cet office en 1633.

(2) *Ibid.*, B, 793, f° 195.

(3) *Ibid.*, f° 207.

(4) *Ibid.*, f° 211.

(5) Boulanger, not. à Cuers.

(6) Montaigne, not..

(7) Les Accoules.

(8) Brunet, not. à Marseille (insin. de Marseille, 690).

(9) Elle est faussement nommée *Lucrèce* à l'acte de mariage de son fils Gaspar.

(A) Voir en appendice une notice sur les divers seigneurs de Pierrefeu.

d'où : 1. Blaise, dont l'article suit ;

2. François, né à Aix (1), ondoyé le 23 fév. 1612, bapt. le 17 mai suiv. (2), chev. de St-Jean-de-Jérusalem, commandeur (3) ;

3. Balthasar, né à Aix (1), ondoyé le 24 avril 1613, bapt. le 18 août de la même année (4) ;

4. Antoine, né jumeau à Aix (1), bapt. le 15 juin 1617 (5), présenté à Malte, en 1633, reçu chev. de St-Jean-de-Jérusalem, en 1635 ;

5. Honoré, né jumeau à Aix (1), bapt. le 15 juin 1617 (6), présenté à Malte, en 1633, reçu chev. de St-Jean-de-Jérusalem, en 1635 ; fut parrain, à Draguignan, le 27 oct. 1663, de son petit-neveu Honoré THOMAS de Pierrefeu ;

6. Boniface, né à Aix (1), bapt. le 28 fév. 1619 (7), présenté à Malte, en 1635, reçu chev. de St-Jean-de-Jérusalem la même année ; capit. d'infant. ; fut tué à la bataille de Nordlingue ;

7. Claude, né à Aix (1), bapt. le 6 mars 1621 (8), prieur de

(1, Ste-Madeleine.

(2) Parr., Boniface de MARLE, chan. de St-Sauveur, pour François THOMAS de Valdardène, protonotaire ; marr., Catherine de CHEILAN.

(3) D'après une procuration donnée par Louis THOMAS de Pierrefeu, son neveu, le 13 mai 1684 (Mus, not. à Draguignan, 99). Il paraîtrait que ce François serait entré plus tard dans l'ordre des PP. Minimes à Aix.

(4) Parr., Balthasar THOMAS ; marr., demoiselle Marguerite ....

(5) Parr., Antoine de PONTEVÈS, conseiller à la Cour ; marr., Claire d'ESCALIS.

(6) Parr., Honoré ALBI, conseiller aux Comptes ; marr., Blanche de SALLET.

(7) Parr., Boniface de   , chanoine de St-Sauveur ; marr., Marguerite (GARDE) de Vins.

(8) Parr., Claude des ROLLANDS, sgr de Reauville ; marr., Marquise DORIA.

Ste-Maxime du Cannet ; reçut en legs au test. de son père en 1649, son entretien et habitation à la charge de l'héritier institué, plus la bibliothèque de son dit père ; chanoine de l'église métropolitaine de St-Sauveur à Aix ; prieur de Clumene (1) ; archidiacre de l'église-cathédrale de Toulon ; reçut donation de son frère Gaspar, le 17 oct. 1654 (2), et y renonça le 25 oct. 1661 (3) ; parrain à Toulon, le 7 mai 1689, de Louis THOMAS, fils de Melchior, sgr de Châteauneuf ; eut, d'accord avec son frère Gaspar, de nombreux démêlés avec ses neveux THOMAS, fils de Blaise, et Pierre DEDONS, leur oncle ;

8. *Jean*-Reinaud, né à Aix (4), ondoyé le 10 oct. 1622, bapt. le 15 nov. suiv. (5) ; chev. de St-Jean-de-Jérusalem ; cap. d'infanterie, tué au siège de Dunkerque ;

9. Gaspar, sgr de Beauvais, mourut avant le 15 oct. 1683 (6), et fut enseveli en l'église paroissiale de Pierrefeu. Il avait ép., à Toulon, en l'église des RR. PP. Augustins déchaussés, le 31 janv. 1667 (7), suiv. contrat de la veille (8), Geneviève de BEAUSSIER (9), fille d'Antoine et de Claire de CUERS de Cogolin ;

(1) Diocèse de Senez.
(2) Farnoux, not. à Pierrefeu (insin. de Toulon, 778).
(3) Farnoux, not. au Puget (insin. de Toulon, 475).
(4) Ste-Madeleine.
(5) Parr., Reinaud FABRI, sgr de Callas ; marr., Suzanne de THOMAS.
(6) Testament de sa femme.
(7) Témoins : Joseph SENEZ ; Frère Antoine de Ste-Ritte, Augustin déchaussé.
(8) Roustan, not. à Toulon (insin. de Toulon, 1373).
(9) Fit son test. le 15 oct. 1683, par lequel elle élit sa sépulture en l'église paroissiale

d'où : A. Joseph, sgr de Beauvais, aide-major de la
marine, capit. de vaisseau, chev. de St-Louis ;
mourut à Draguignan, le 7 fév. 1735, et fut
enseveli le lendemain en l'église paroissiale ;

B. Gabrielle, eut un legs de 2,000 l. au test. de sa
mère. Elle avait ép., suiv. contrat du 16 avril
1690 (1), Pierre GEOFFROY d'Antrechaux, fils
de f. Jacques, esgr du Puget, et de Catherine
BARRY ;

10. Marquise, née à Aix (2), bapt. le 21 fév. 1610 (3) ;
religieuse au couvent de St-Barthélemy à Aix ;

11. Marie, née à Aix (4), ondoyée le 9 sept. 1614, bapt. le
17 nov. suiv. (5) ;

12. Gabrielle, née à Aix (4), ondoyée le 22 fév. 1616, bapt.
le 17 nov. suiv. (6) ;

13. Hélène, née à Aix (4), ondoyée...... (7), bapt. le 15 oct.
1626 (8) ;

14. Blanche, née à Aix (4), ondoyée le 14 mars 1626, bapt.

---

de Pierrefeu, dans le tombeau de son mari, lègue à sa fille Gabrielle THOMAS et institue
pour héritier son fils Joseph THOMAS, sgr de Beauvais, léguant l'usufruit à son père
Antoine de BEAUSSIER et des legs à ses frères Joseph et Charles de BEAUSSIER.

(1) Sallettes, not. à Cuers (insin. de Brignoles, 154).

(2) St-Sauveur.

(3) Parr., Nicolas THOMAS de Ste-Marguerite ; marr., Marquise DORIA.

(4) Ste-Madeleine.

(5) Parr., Lazarin DORIA ; marr., Marie de BECCARIS.

(6) Parr., Louis THOMAS d'Astour ; marr., Françoise de SILVY.

(7) La date n'est pas marquée dans son acte de baptême.

(8) Parr., Claude de SOLLIÈS, cons. aux Comptes ; marr., Hélène de SOISSANS.

le 16 sept. suiv. (1) ; (deux de ces quatre filles furent aussi religieuses) ;

15. Lucrèce, née à Toulon, bapt. le 6 avril 1630 (2), religieuse ;

16. Françoise, née à Toulon, bapt. le 20 juin 1632 (3), religieuse.

XVI. Blaise THOMAS, esgr de Pierrefeu, la Penne, St-Pierre, etc., né à Aix (4), bapt. le 25 fév. 1611 (5) ; héritier de son père sous bénéfice d'inventaire ; transigea, le 2 juil. 1650, avec ses frères Claude, auquel il promit une pension de 200 l., et Gaspar (encore mineur, son frère Claude stipulant en son nom), auquel il promit une pension de 300 l., le tout jusqu'à la liquidation de l'hoirie de leur père. Le rangement des créanciers ayant eu lieu le 4 mars 1652, il intervint entre les trois frères, le 21 juin 1653 (6) ; une nouvelle transaction annulant les précédentes, stipulant que lesdits Claude et Gaspar recevront pour leurs droits de légitime dans les successions de leur père et mère, frères et sœurs, décédés, ou religieux et religieuses, chacun 7.500 l., faisant en tout 15.000 l., en payement desquelles ils acceptent l'arrière-fief de Beauvais et qu'en retour ils cèdent à Blaise tous leurs droits sur l'héritage de f. Louise THOMAS de Ste-Marguerite, leur tante, épouse de Jacques PARISSON, sgr du Revest. Blaise

(1) A l'ondoiement : parr., Blaise THOMAS ; marr., Honorate ANDAF ; et au baptême : parr., id. ; marr., Blanche de FÉLIX.

(2) Parr., François THOMAS, sr de Val-d'Ardenne ; marr., Lucrèce SIGNIER.

(3) Parr., François THOMAS, protonot. ; marr., Marguerite (BARTHÉLEMY) de Ste-Croix.

(4) St-Sauveur.

(5) Parr., Blaise DORIA ; marr., Jeanne de TULLE.

(6) Jean Darbès, not. à Aix.

vint habiter Aix, où il fut élu 2ᵉ consul, procureur du pays de
Provence, en 1653 ; vendit, le 7 fév. 1659, à Sextius DURAND,
sgr de Fuveau, une maison de trois corps de logis sise à Aix,
rue des Cordeliers et des Tanneurs, pour le prix de 3.600 l. dont
100 payables à *N...* SURIAN, épouse de *N...* SAURAT, 500 aux
dames religieuses du couvent de St-Barthélemy, et 3.000 laissées
au sr de Fuveau en constitution de rente ; fut séparé de biens
d'avec sa femme à cause du désordre de ses affaires, et, ses biens
ayant été mis en discussion, le rangement de ses créanciers, au
nombre de 39, fut fait par le lieut. général en la sénéchaussée
d'Aix, le 15 janv. 1663. Son beau-frère Pierre DEDONS racheta
les créances des 9 premiers degrés, se fit colloquer sur tous les
biens disponibles et plus de 20.000 l. restèrent non payées.
Blaise fut maintenu dans sa noblesse par jugement du 9 mars
1669, ainsi que son frère Gaspar et son fils Louis, et mourut
avant le 19 août 1680 (1). Il avait ép., suiv. contrat du 8 janv.
1633 (2), Claire DEDONS (3), fille de Louis-Hugues et de f.
Françoise de MARROC, sa 1ʳᵉ femme ;

d'où : 1. Louis, dont l'article suit ;

    2. Jean, présenté à Malte, en 1655, reçu chev. de St-Jean-
       de-Jérusalem, en 1656 ; fut parr. à Draguignan, le 23

---

(1) Donation par sa femme, veuve, à leur fils Louis (Giboin, not. à Draguignan).

(2) Trabuc et Lombard *(alias* Pierre Templier), not. à Aix.

(3) Fit son test., étant veuve, le 23 sept. 1684 (Mus, not. à Draguignan, insin. de
Draguignan, 908), par lequel elle lègue à sa fille Marguerite THOMAS, à ses petits-fils
François et Melchior THOMAS et à leurs sœurs Madeleine, Anne et Françoise THOMAS,
instituant pour héritière Claire (GEOFFROY Delphin) Gaussard, sa belle-fille, veuve de Louis
THOMAS, sgr de Pierrefeu.

mai 1668, de son neveu Jean THOMAS, et le 6 fév. 1674,
de sa nièce Anne THOMAS ;

3. Melchior, présenté à Malte, en 1663, reçu chev. de
St-Jean-de-Jérusalem, la même année ; assassiné par
son frère (1) ;

4. François, chev. de St-Jean-de-Jérusalem ;

5. Jacques, né à Aix (2), bapt. le 19 janv. 1652 (3) ;

6. Joseph, né à Aix (2), bapt. le 16 avril 1656 (4) ;

7. André, né jumeau à Aix (2), bapt. le 9 juil. 1657 (5) ;

8. Diane, née à Aix (6), ondoyée le 7 oct. 1634, bapt. le 30
du même mois (7) ;

9. Catherine, née à Aix (6), bapt. le 10 mars 1639 (8) ;

10. Sextie, née à Aix (2), bapt. le 9 juil. 1654 (9) ;

11. Marie, née jumelle à Aix (2), bapt. le 9 juil. 1657 (10) ;

12. Marguerite, née à Draguignan, bapt. le 15 janv. 1662 (11),
entra au couvent de St-Barthélemy, à Aix, le 26 oct.

(1. Testament de leur mère du 23 sept. 1681.

(2) St-Sauveur.

(3) Parr., Louis THOMAS ; marr., Honorade de GRASSE.

(4) Parr., Joseph DEDONS ; marr., Madeleine DEDONS.

(5) Parr., André BLANC, avocat ; marr., Marguerite de FAGOULT.

(6) Ste-Madeleine.

(7) A l'ondoiement : parr., Melchior THOMAS de Pierrefeu ; marr., Hélène THOMAS ; au
baptême : parr., id. ; marr., Diane d'ARBAUD.

(8) Parr., Antoine THOMAS, chev. de l'ordre ; marr., Catherine de THOMASSIN.

(9) Parr., André mis d'ORAISON, 1er consul d'AIX, et Jean BARDON, assesseur ; marr.,
Sibylle de THOURON.

(10) Parr., Pierre THIBAUD-Tisaty, sr de Sannes ; marr., Marie.....

(11) Parr., Pierre (BRUN) de Castellane-Vaucroue (CHIEUSSE) de Villepey ; marr.,
Marguerite MATT, sa nièce.

1661 ; reçut en dot les 3.000 l. dues par Sextius DURAND
de Fuveau sur la maison à lui vendue, et mourut novice.

XVII. Louis THOMAS, esgr de Pierrefeu et de St-Pierre, 1er
consul de Draguignan en 1678-79 ; reçut donation de sa mère,
veuve, le 19 août 1680 (1) ; prêta hommage, pour partie de
Pierrefeu, le 30 du même mois (2), et mourut avant le 23 sept.
1684 (3). Il avait ép. à Draguignan, le 21 juin 1660, suiv. contrat
du même jour (4), Claire GEOFFROY Delphin Gansard (5), fille de
f. Melchior, éc., et de Marguerite MATY de la Garde ;
d'où : 1. Honoré-Gaspar, né à Draguignan, bapt. le 27 oct.
    1663 (6), mourut jeune ;

2. François, sgr de Pierrefeu et de St-Pierre, né vers
    1666 ; prêta hommage pour partie de Pierrefeu, le 10
    déc. 1685 (7), mourut à Draguignan, le 20 janv. 1717
    et fut enseveli en l'église collégiale ;

3. Antoine, mourut jeune ;

4. Jean, né à Draguignan, bapt. le 23 mai 1668 (8), mourut
    jeune ;

5. Melchior, dont l'article suit ;

6. Joseph, sgr de Val-d'Ardenne et de Beauvais, chev. de

(1) Giboin, not. à Draguignan (insin. de Toulon, 13).

(2) Arch. B.-du-Rhône, B, 797, f° 93.

(3) Testament de sa mère.

(4) Broc, notaire.

(5) Née vers 1639, mourut le 19 oct. 1719.

(6) Parr., le sr de THOMAS, chev. de St-Jean-de-Jérusalem ; marr., Claire DEDONS.

(7) Arch. B.-du-Rhône, B, 797, f° 49.

(8) Parr., Etienne FAYE ; marr., Marguerite MAYE.

S¹-Louis, capit. de vaisseau, mourut à Draguignan, le
7 fév. 1735 ;

7. Marguerite, née à Draguignan, bapt. le 5 janv. 1662 (1),
mourut à Draguignan et fut ensevelie le 3 juin 1666 ;

8. Françoise, née à Draguignan, bapt. le 31 janv. 1665 (2),
religieuse ursuline à Draguignan ;

9. Marguerite, née à Draguignan, bapt. le 10 nov. 1671 ;

10. Anne, née à Draguignan, le 6 fév. 1674, bapt. le même
jour (3), mourut à Draguignan, le 17 janv. 1752 et fut
ensevelie le lendemain en l'église paroissiale ;

11. Magdeleine, née à Draguignan, bapt. le 18 janv. 1670
(4), mourut à Draguignan, le 14 mars 1758, et fut
ensevelie le 15 à la paroisse.

XVIII. Melchior Thomas, esgr de Pierrefeu, Beauvais, S¹-
Pierre, Valdardenne, né à Draguignan, le 7 fév. 1678, bapt.
le lendemain (5), chev. de S¹-Louis, lieut.-colonel, commandant
la capitainerie générale de garde-côte d'Hyères et le bataillon de
milice garde-côte de Toulon ; prêta hommage au Roi, pour partie
de Pierrefeu, le 27 sept. 1719 (6) ; commandant pour le Roi en
la ville et viguerie de Draguignan, en 1720 ; fit son test., à
Toulon, le 13 nov. 1737, instituant pour héritier son fils et lui
substituant ses propres sœurs Anne et Magdeleine. Par un

(1) Parr., Pierre Brun de Castellane ; marr., Marguerite Mary.

(2) Parr., Pierre (Chausse) de Villepeys ; marr., Françoise Mary.

(3) Parr., Jean Thomas, chev. de S¹-Jean-de-Jérusalem ; marr., Anne de Tardivy.

(4) Parr., Jean Emeriaud, sgr de Néoules, viguier ; marr., Madeleine de Laurens.

(5) Parr., François Laurens, éc., s¹ du Revest ; marr., Françoise Thomas de Pierrefeu.

(6) Arch. B.-du-Rhône, B, 803, Nº 193.

second test. du 6 sept. 1746 (1), il élit sa sépulture en l'église collégiale de Draguignan, dans la tombe de ses ancêtres, nomme pour héritier son fils Henri-Auguste-François-Melchior et lui substitue ses sœurs susdites, Anne et Magdeleine, avec charge de rendre sa succession à Jean-François THOMAS, sgr de Châteauneuf, lieut. de vaisseau, fils de Joseph, sgr de Châteauneuf, chev. de St-Louis, capit. de vaisseau, et aux enfants d'icelui. Il mourut à Draguignan, le 16 sept. 1746, et fut enseveli le lendemain en l'église paroissiale. Il avait ép. Marie-Charlotte SAQUY de Collobrières, fille d'Antoine et de Françoise-Lucrèce THIBAUD-Tisati de Sannes ;

d'où : 1. Henri-Auguste-Marc-Antoine-François-Melchior, né à Draguignan, ondoyé le 6 sept. 1737, bapt. le 23 du même mois (2), mourut à Draguignan, le 30 mars 1747, et fut enseveli le lendemain en la paroisse ;

2. Marie-Anne-Françoise, née à Draguignan, ondoyée le 11 sept. 1735, bapt. le 28 déc. suiv., mourut à Draguignan, le 9 sept. 1737, et fut ensevelie en la paroisse;

3. Magdeleine-Charlotte, née à Draguignan, bapt. le 31 oct. 1740 (3).

(1) Meilhe, not. à Draguignan.

(2) Parr., Henri THOMAS, mis de la Garde et Cipières ; marr., Françoise THIBAUD, bar. de Sannes.

(3) Parr., Charles-François SAQUI, bar. de Sannes ; marr., Madeleine THOMAS de Pierrefeu.

APPENDICE

Notice sur les divers Seigneurs de Pierrefeu

La seigneurie de Pierrefeu paraît avoir été toujours divisée entre plusieurs coseigneurs.

Dès 1262, veille des ides de mai (1), Charles, c.te de Provence, et Béatrix, son épouse, remirent la 4e partie de la seigneurie de Pierrefeu, qu'ils possédaient indivise, avec ce qui avait appartenu à Laure, femme de Bertrand de MISON [ainsi que le château du Cannet et tout son territoire, même ce qui appartenait à Guillaume de SIGNE et à sa femme Madeleine, dépendant du bailliage de Fréjus], à Bertrand de Fos, en échange de la portion de la sgrie d'Hyères qui appartenait à ce dernier, d'après l'acte du 18 octobre, indiction 15, de 1257 (2), et de la 4e partie de la Garde et du monastère de sa vallée, lui vendant en même temps pour 12.000 sous, le moulin dudit Cannet.

Le 23 avril 1421, Sibylle de Fos (fille de Guibert, sgr de Gignac, et de Douce VERLAQUE), épouse de Jean de PIERREFEU, donna la susdite 4e partie de Pierrefeu à Fouquet d'AGOULT, sgr de Forcalquier (Forcalqueiret) ; et, le 29 octobre 1432, les mêmes d'AGOULT (Fouquet ou son fils Raimondet), et Jean de PIERREFEU vendirent les moulins dudit Pierrefeu. *Autre* Fouquet d'AGOULT,

---

(1) Guillaume de St-Marc, not. à Aix — extrait d'un vieux parchemin appartenant à François THOMAS, protonotaire du St-Siège, collationné par Joseph Grassel, not. à Toulon, le 28 mai 1686.

(2) Bascal, notaire.

sgr de Mison, cousin et héritier de Raimondet, prêta hommage pour partie de Pierrefeu, le 18 juillet 1480 (1), et cette partie passa successivement par alliance aux MONTAUBAN (2), puis aux GARDE de Vins. Jean GARDE de Vins d'AGOULT de MONTAUBAN en prêta encore hommage, le 2 décembre 1672 (3), et Charles-François de VINTIMILLE du Luc, mis de Vins, le 20 juin 1739 (4).

Bertrand de Fos, qui faisait l'échange ci-dessus, avait probablement déjà d'autres portions de la sgrie de Pierrefeu, car il est qualifié *sgr majeur de Pierrefeu* dans des lettres de Louis II, roi de Sicile, données en 1403, pour régler sa succession. Un quart de cette succession était arrivée à Imbert, Beatrix et Billette de Fos *(probablement* ses petits-enfants), et Laugier CARBONNEL, époux d'une de ces dernières, obtint, le 8 août 1403 (5), le partage de ce quart.

Lazare CARBONNEL, sgr du Cannet *(probablement* fils de Laugier), Guillaume et Jacques de PIERREFEU, frères, fils de Jean et de Sibylle de Fos, Honoré et Jacques CLAPIERS, frères, tous csgrs de PIERREFEU, passèrent à Hyères, le 4 mars 1455 (6), avec la communauté dudit lieu une transaction qui fut confirmée le lendemain à Pierrefeu par une assemblée générale de tous les habitants (6).

Antoine CARBONNEL, fils de Lazare, ayant été tuteur de Jean

(1) Arch D.-du-Rhône, B, 781, f° 493.

(2) Blanche de Lewis, veuve de Louis de MONTAUBAN-d'AGOULT, en prêta hommage pour ses fils François et Jean, le 30 janvier 1539 *(ibid.,* 781, f° 217).

(3) *Ibid.,* 795, f° 18.

(4) *Ibid.,* 815, f° 103.

(5) Pierre Cogorde, not. à Brignoles).

(6) Urbain Chaussegros, not. d'Aix.

Mane, son neveu, fils d'Estrasie Carbonnel et de Marino Mane,
de la ville d'Hyères, lui désempara, en payement de son compte
de tutelle, une portion de sa juridiction sur Pierrefeu, le 16 mars
1571 (1), dont investiture fut passée devant les Maîtres Ration-
naux à Aix. Cet Antoine Carbonnel étant mort intestat le 24
mars 1528, son fils Louis, qui, avec le concours du sr de
Glandevès, sgr de Bormes, son cousin, avait repris à Jean
Mane les biens cédés en 1517, les lui remit de nouveau, suivant
transaction du 13 juillet 1528, passée à Aix devant Imbert
Borrilli, not., sous les auspices de Pierre Vitalis, maître
rationnal, et de Jean-Baptiste Lande, doct. ès-droits.

C'est, croyons-nous (2), cette portion de la sgrie de Pierrefeu
qui de Jean Mane, doct. en l'un et l'autre droit, juge perpétuel en
la ville d'Hyères et en celle de Toulon pour le roi François I, vint
à Guillaume Viguier, de la ville de Toulon. Jean et François
Viguier, ses fils, en prêtèrent hommage, le 27 juillet 1668 (3),
déclarant qu'ils possédaient 3 1/2 jours de juridiction. François
Viguier étant mort sans alliance, Claire, fille de Jean, porta cette
portion de sgrie, par son mariage en 1690, à François Deydier,
avocat à Toulon, qui en prêta hommage le 30 juillet 1699 (4),

---

(1) Gavoti, not. à Brignoles.

(2) Nous le croyons ainsi parce que ces divers titres sur les Mane se trouvent aujourd'hui
entre les mains des Deydier de Pierrefeu. Pourtant on trouve aux archives communales
de Pierrefeu (note remise par M. Mireur, archiviste du Var), dans un écrit produit en 1693
lors d'un procès contre Jean-Louis-Hugues Dedons, que Pierre Mane, sieur de Miolans,
vendit, en 1580, à Honoré Thomas, sgr de Valdardenne, 1/8 de la sgrie de Pierrefeu.

(3) Arch. B.-du-Rhône, B, 796, fº 27.

(4) Ibid., 797, fº 151.

ainsi que son fils Charles-Alexandre, le 21 mai 1739 (1). Leurs descendants subsistent encore actuellement.

Jean CARBONNEL, sgr du Cannet et de Collobrières, avait encore des droits sur les moulins de Pierrefeu, le 26 décembre 1590 (2), puisque ce jour là, la communauté dudit lieu donna procuration pour aller à Forcalqueiret traiter des arrérages dus sur la rente de ce moulin audit CARBONNEL, ainsi qu'aux fils de Hubert GARDE, baron de Vins et de Forcalqueiret, alors sous la tutelle de son oncle Jean-Baptiste GARDE de Vins.

De leur côté, les fils de Jacques et Honore CLAPIERS gardèrent leur part de seigneurie jusqu'à la fin du XVI* siècle ; et c'est probablement sur cette part que Marguerite de CLAPIERS ayant porté en dot une portion de la esgrie de Pierrefeu à son mari Pierre de BLANC, procureur du Roi au siège de Marseille, leur fille Marguerite, veuve de Jean TAMBOURIN, de la ville de Marseille (qu'elle avait ép. le 11 juin 1625), donna cette portion à Guillaume de MONTAUD, qualifié csgr de Pierrefeu dans la sentence arbitrale rendue entre son père et les consuls de Pierrefeu le 10 juin 1681 (3).

Mais entre temps une certaine partie de la sgrie de Pierrefeu avait appartenu aux GLANDEVÈS, soit à la branche aînée des sgrs de Cuers, où l'on trouve Isnard en prêtant hommage, ainsi que de ses nombreuses autres terres, le 5 septembre 1399 (4), et son fils Guillaume le 8 juin 1409 (5) ; soit à la branche des sgrs de

(1) Arch. B.-du-Rhône, B, 815, f. 98.

(2) Honoré Rogier, not. à Cuers.

(3) Arch. commun. de Pierrefeu, FF, 1601-1689.

(4) Arch. B.-du-Rhône, B, 769 bis, f. 39.

(5) Ibid., 761, f. 60.

Faucon, après le mariage de Louis de GLANDEVÈS avec Ailemane
de Fos, fille de Rossolin, sgr de la Môle. De ces derniers, une
portion de la sgrie arriva par alliance aux CASTELLANE d'Entrecasteaux, chez qui on trouve Honoré en prêtant hommage le 9
nov. 1480 (1), et Gaspar, son petit-fils, le 15 sept. 1531 (2).

Pourtant il y avait dès le XIVe siècle, une famille du nom de
PIERREFEU, ayant part à la sgrie dudit lieu.

Il est possible qu'elle en eût possédé anciennement la totalité,
mais d'après ce qui est dit ci-dessus, il est évident que, dès 1262,
elle n'en avait plus qu'une partie. On trouve divers de ses membres mentionnés dans différents actes, sans qu'il nous ait été
possible de les rattacher sûrement entre eux.

Jean de PIERREFEU, cité ci-dessus, fut député de la ville
d'Hyères, en 1367, pour aller saluer la reine Jeanne. C'est de lui,
croit-on, que les FORBIN de Solliès avaient acquis une portion de
la sgrie de Pierrefeu, dont Palamède, gouverneur de Provence,
se disait coseigneur et dont Louis, son fils, prêta hommage les
30 oct. 1481 (3) et 24 janv. 1508 (4). François FORBIN, fils dudit
Louis, en revendit une partie, en 1536, à Antoine de PIERREFEU,
qu'on trouve déjà qualifié csgr de Pierrefeu le 26 avril 1515 (5),
et qui, recevant investiture de ladite acquisition le 3 avril 1536,
en prêta hommage à Aix le même jour devant les Maîtres
Rationaux. Le même François FORBIN de Solliès vendit encore

(1) Arch. B.-du-Rhône, B, 781, f. 271.
(2) Ibid., 80, f. 289.
(3) Ibid., 781, f. 409.
(4) Ibid., 80, f. 99.
(5) Robolly, not. à Pierrefeu.

une portion de la esgrie de Pierrefeu à Honoré et Antoine de PUGET, frères, de la ville de Brignoles, qui en prêtèrent hommage le 29 mai 1539 (1). D'après un *Mémoire instructif et consultation pour les sieurs maire, consuls... de Pierrefeu, contre... François-Hyacinthe DEDONS, m^{is} de Pierrefeu, etc.* en 1762 (2), le s^r de FORBIN aurait aussi vendu la bastide de St-Pierre, au territoire dudit Pierrefeu, à Jean SINIER, de Marseille, et la lui aurait plus tard reprise. Il la vendit de nouveau, le 30 juillet 1588, à Antoine de SENA (ou CEVA), marchand de Toulon. Cette même bastide passa ensuite à Charles DECUGIS, qui la possédait en 1628 (3). Elle arriva peu après à Melchior THOMAS, déjà esgr de Pierrefeu, qui l'érigea en arrière-fief, en 1647.

Jean de PIERREFEU avait eu de sa femme Sibylle de Fos :

1. Guillaume, prêta hommage pour portion de Pierrefeu au nom de son père, le 10 octobre 1399 (4), et paraît en la transaction mentionnée plus haut du 4 mars 1455 ;

2. Jacques, paraît en la même transaction et eut *probablement* pour enfants :

    A. Jacques, qui prêta hommage pour portion de Pierrefeu le 27 octobre 1480 (5). Il avait ép. Antoinette de CLAPIERS ;
    d'où : Douceline, ép., suivant contrat du 6 mai 1489, Antoine RAISSON, son cousin germain, fils de Guillaume et de Clémence de PIERREFEU ;

---

(1) Arch. B.-du-Rhône, B, 781, f. 204.

(2) Arch. commun. de Pierrefeu, FF.

(3) Détails obligeamment communiqués par M. Mireur.

(4) Arch. B.-du-Rhône, B, 769 bis, f. 69.

(5) *Ibid.*, 781, f. 180.

B. Clémence, ép. Guillaume RAISSON, qui mourut vers 1530
et avait ép., en 2ᵉˢ noces, Isabeau d'ANGELO.

Vers ce même temps, Pons de PIERREFEU, csgr dudit lieu, ép.,
suiv. contrat du 31 août 1471 (1), Geneviève de RAYMONDIS, fille
de Pierre, licencié ès-lois, de la ville de Tarascon, et de Catherine
CHAPUS.

Autre Guillaume de PIERREFEU, prêta hommage, le 25 janvier
1480 (2), pour la portion de seigneurie qu'il avait audit lieu.

Puis, le 5 mars 1518 (3), Nicolas, Antoine, Aymar et Joseph
de PIERREFEU prêtèrent hommage pour portion de ladite sgrie.

Aymar de PIERREFEU, prêta encore hommage pour sa portion
le 7 fév. 1536 (4), et en donna dénombrement avec Joseph de
PIERREFEU en 1540. Ils avaient deux portions du 8ᵉ de la sgrie,
et c'est par une de leur fille ou sœur, alliée à Claude MONIER de
Châteauvieux, que Jean-Baptiste MONIER, leur fils, devenu csgr
de Pierrefeu, passa, ainsi que Louis THOMAS, sgr de Valdardenne,
et Pierre de SENA (ou CEVA), aussi csgr de Pierrefeu, transaction
avec la commune dudit Pierrefeu, en avril 1612 (5).

Enfin François de PIERREFEU, parrain d'*autre* François, son
neveu (celui-ci fils de Gaspar), prêta hommage pour partie de
Pierrefeu, le 9 juil. 1547 (6); et François *(probab.* le fils de
Gaspar), prêta hommage aussi le 30 mai 1560 (7).

(1) G. Raymondy, not. à Arles, f. 67 (Veran).

(2) Arch. B.-du-Rhône, B, 781, f. 151.

(3) Ibid., 80, f. 124.

(4) Ibid., 785, f. 14.

(5) Arch. commun. de Pierrefeu, FF, 1612.

(6) Arch. B.-du-Rhône, B, 791, f. 4.

(7) Ibid., 791, f. 203.

Ce même François avait ép. Sibylle de GLANDEVÈS, dont il eut : Angélique, qui épousa, en 1589, Louis THOMAS, fils de Honoré THOMAS, sgr de Valdardenne, déjà csgr de Pierrefeu par suite de l'acquisition qu'il avait faite, vers 1580, de 1/8ᵉ de cette sgrie.

Il n'y eut point d'enfant de ce mariage, et Melchior THOMAS, frère de Louis, se trouva un des principaux sgrs de Pierrefeu. Son fils Blaise, s'étant ruiné, ses biens furent mis *en discussion* et retenus en grande partie par sa femme Claire DEDONS et par son beau-frère Pierre DEDONS. Celui-ci y ayant ajouté d'autres acquisitions, se trouvait en 1672 avoir dix mois de juridiction à Pierrefeu et y ajouta plus tard encore un mois et quelques jours. Cependant, quoiqu'il ne fut pas seigneur en entier de cette terre, il en obtint l'érection en marquisat en sa faveur par lettres datées de novembre 1682, enregistrées le 1ᵉʳ décembre de la même année en la Chambre des Comptes de Montpellier où elles avaient été adressées. Ses descendants possèdent encore aujourd'hui la plus grande partie de cette terre et portent très légitimement le titre de *marquis de Pierrefeu*.

Mentionnons encore comme qualifiés csgrs de Pierrefeu dans les archives de cette commune sans que nous ayons pu connaître l'origine de leurs droits :

Pierre SUZON, en 1607 ;

Charles FORTIS, au milieu du XVIIᵉ siècle ;

N... MEYRIÈS, en 1663 ;

Henri VIENOT, à la fin du XVIIᵉ siècle ;

François MONTAGNE, bourgeois de Cuers, en 1778.

Familles alliées

I.

BLANCARD

SEIGNEURS DE GAUBERT (1), NÉOULES, ETC...

Armes : d'or à un lion coupé de gueules et d'argent, ayant la patte dextre du devant d'argent et la senestre de derrière de gueules.

« Il y a eu dans Aix, dit Barcilon (2), deux familles du nom de BLANCARD, toutes deux éteintes : celles des sieurs de Néoules

(1) Gaubert (canton de Digne, B.-Alpes, viguerie de Digne), paraît avoir appartenu originairement à une famille de ce nom.

Audubert de GAUBERT prêta hommage pour cette terre le 15 mars 1375 (Arch. B.-du-Rhône, B, 761). Mais déjà le 18 juil. 1386 (ibid., 768), et le 10 oct. 1399 (ibid., 769 bis), Gui de GAUBERT, époux de Billette, ne possédait plus qu'une partie de cette terre, et dans la suite on ne trouve plus trace de cette famille. Il est probable que cette partie de la terre de Gaubert advint à la famille BONIFACK, car Georges BONIFACK en fit hommage le 22 oct. 1480 (ibid., 781), et l'on trouve ensuite les ROCHAS d'Aiglun, BAIOSOLES, BARRAS de Mirabeau, BARDONNENCHE, BLANCARD, sgis en partie de Gaubert par suite de leurs alliances avec les BONIFACK. La famille ROUX de Courbons paraît avoir réuni peu à peu, par héritage ou par acquisition, toutes ces parcelles de la sgrie de Gaubert.

L'autre portion appartenait à Jean VARADIER qui en prêta hommage le 18 sept. 1385 (ibid., 769). Louis VARADIER, son fils, en fit hommage à son tour le 1er oct. 1399 (ibid., 769 bis), de même que François VARADIER, arrière-petit-fils de Louis, le fit encore le 19 déc. 1597 (ibid., 769). Melchionne VARADIER, héritière de cette branche de sa famille, porta cette portion de Gaubert à son mari Guillaume d'Avignon, et c'est d'eux qu'elle passa par vente dans la maison des ROUX, mis de Courbons (Robert, III, 193), qui réunirent ainsi toute la sgrie et en prêtèrent hommage in totum à partir du 4 mars 1673 (Arch. B.-du-Rhône, B, 798).

(2) (Barcilon de Mauvans), *Critique du nobiliaire de Provence* (ms.).

8

s'est fondue dans la famille d'Ancussia d'Esparron et dans celle de Jean-Baptiste de Monier, seigneur de Châteauneuf [Châteauvieux ?], par le mariage de Louise et Marguerite de Blancard, filles et héritières de cette famille.

« L'autre du même nom, avait donné trois présidents aux enquêtes du Parlement d'Aix ; elle s'est fondue dans la famille des Guiran, seigneurs de la Brillane, par le mariage de Polyxène de Blancard ».

Ruffi (1) dit que ces deux familles étaient en réalité deux branches sorties du même tronc, divisées depuis le milieu du XIVᵉ siècle, mais n'en donne pas la jonction, non plus que l'abbé Robert (2).

La branche des seigneurs de Néoules paraît remonter, d'après Ruffi, à (3) :

I. François Blancard ;

d'où : 1. Antoine, dont l'article suit ;

   2. Lucignana, ép., en 1485, Honoré Luovis, de la ville de Salon.

II. Antoine Blancard, originaire de la ville de Marseille, ép.

---

(1) *Rolle des familles nobles éteintes de Marseille* (ms).

(2) Ses tables manuscrites, conservées à la Bibliothèque Nationale, présentent pourtant une jonction ; mais elle est si évidemment fausse, que l'auteur n'a pas voulu la reproduire à l'impression de son ouvrage.

(3) On trouve dans les preuves de Malte, en 1690, de François Signier de Piozin, dont une aïeule était Blancard, que Garelas Blancard épousa, suivant contrat du 6 déc. 1496 (Ant. Bègue, not. à Marseille), Eliasse Aynasse. Ruffi cite aussi, sans pouvoir les rattacher, Bertrand Blancard, chev. de St-Jean-de-Jérusalem en 1503, et Jeanone Blancard, qui épousa, en 1519, Montolieu de Montolieu.

Yollande THOMAS, fille d'Antoine, sgr de Néoules, et de Marguerite de BRIGNOLES, dame en partie de Gaubert ;

d'où : 1. Pierre, dont l'article suit ;

  2. Jaumelle, mourut en 1574.

III. Pierre BLANCARD, sgr en partie de Néoules, prêta serment
pour cette sgrie, le 29 janv. 1536 (1) ; eut de nombreux procès
avec les héritiers de Ysabeau THOMAS, sa tante, mariée avec
Pierre REBIOL, au sujet de l'héritage d'Aymar de BRIGNOLES, et
avec Thomassin DANGER (ou DANGET), de la ville de Brignoles,
Auguste GARNIER et autres de Toulon, au sujet d'un fidéicommis
de l'héritage de Jean THOMAS, sgr de Néoules ; acheta une
maison, à Marseille, le 23 mars 1541 ; fit son test, le....... (2),
par lequel il institue pour héritiers, par égales portions, sa
femme et leurs fils François, Charles, Louis, Jean et Pierre,
lègue 1.200 écus de 4 florins à chacune de ses filles, et, à ses fils
François et Charles, la juridiction qu'il avait à Néoules. Il
mourut à Néoules, le 10 mars 1571, et y fut enseveli dans l'église
de St-Jean-Baptiste. Il avait ép. Clémence de la CEPÈDE (3), fille
de Jehan, de la ville de Marseille, et de Marguerite VENTO ;

d'où : 1. Jean-Baptiste, mourut à l'âge de deux ans ;

  2. François, dont l'article suit ;

  3. Charles, fit partage avec son frère François (4), et fit
   donation à son neveu Alphonse MONIER, le 1er fév.

(1) Arch. B.-du-Rhône, B. 781, f° 28 v°.

(2) Jean Massis, not. à Roquebrussane.

(3, Mourut après le mariage de sa fille Catherine.

(4) Antoine Panar, not. à Toulon.

1627 (1). Il avait ép., suivant contrat du 5 nov. 1584 (2), Lucrèce VENTO, fille de Charles, sgr des Pennes, et de f. Françoise GAUFRIDI, de Marseille ;

4. Louis, fit partage avec son frère François (3). C'est peut-être lui qui, qualifié sgr de la Broisse et veuf de Diane de MONIER, fit donation, le 3 fév. 1625 (4), à Honoré MAXELIN, marchand de Garéoult ;

5. Jean, reçu chev. de St-Jean-de-Jérusalem en janv. 1575; fit, ainsi que son frère Pierre, donation de ses droits en faveur de son frère Charles (5) ;

6. Pierre, reçu chev. de St-Jean-de-Jérusalem en janv. 1575 ;

7. Catherine, eut en dot, à son contrat de mariage, 1.200 écus du legs de son père, et 200 écus pour ses droits sur les biens de sa mère et de sa tante Jaumette BLANCARD, toutes deux encore vivantes. Elle avait ép. Claude SIGNIER, sgr de Piosin, écuyer de la ville de Toulon ;

8. Marguerite, ép., suiv. contrat du 7 sept 1598, Jean-Baptiste MONIER, fils du sgr de Châteauvieux.

IV. François BLANCARD, esgr de Néoules et de Gaubert, continua avec Elzéar de BARRAS, sgr de la Robine, le procès

(1) Rouge, not. à Hyères (insin. d'Hyères, 438).

(2) Sauzède, not. à Marseille (insin. d'Hyères, 139), et Champourcin, not. à Marseille (insin. de Marseille, 715).

(3) Antoine Panar, not. à Toulon.

(4) Eméric, not. à Néoules (insin. de Brignoles, 789).

(5) Bastide, not. à Hyères.

commencé par le père dudit François contre Jean de VILLENEUVE, sgr de Thorenc, Aymar de VILLENEUVE, protonotaire, frère dudit Jean, les héritiers de Françoise de VILLENEUVE, leur sœur, épouse d'Antoine JARENTE, sgr de Montclar, ceux d'Isabeau THOMAS, épouse REBIOL, et N..., femme de N... MIOLLARD (1), conseiller au Parlement, cessionnaire des droits de ladite Isabeau THOMAS, au sujet de l'héritage qui leur était advenu d'Aymar de BRIGNOLES, protonotaire, sr de Gaubert, cousin germain d'Yolande et d'Isabeau THOMAS et desdits MM. de VILLENEUVE (2) et, après avoir obtenu le 6 avril 1571 un arrêt favorable du Parlement de Grenoble, fit avec eux une transaction, la même année, par devant Guillen Guidy, greffier du sénéchal d'Hyères, et une autre aussi, la même année, particulière aux MM. de VILLENEUVE (3); partagea ledit héritage avec Elzéar de BARRAS, sauf la moitié de la terre de Gaubert qui resta indivise entre eux ; fit transaction avec Catherine REBIOL au sujet des sommes qu'elle devait sur l'héritage d'Aymar de BRIGNOLES, protonotaire, sgr de Gaubert, laquelle Catherine lui céda en payement une partie du château de Néoules et quelques biens y attenant. A la suite, et en 1574 (ou 1584), il fit rebâtir ledit château et y joignit diverses propriétés ; fit donation à sa femme Marguerite BONIFACE, le 18 fév.

(1) Nous ne connaissons aucun conseiller de ce nom aux cours souveraines de Provence. Peut-être s'agit-il d'un autre Parlement ? Ces détails sont pris dans le Livre de raison cité plus loin.

(2) Probablement par quelque parenté entre Alix d'ESPARRON, aïeule maternelle de ces VILLENEUVE, avec les BRIGNOLES. Cette Alix d'ESPARRON avait pour mère Marie de BARRAS, fille probab. d'Antoine de BARRAS, sgr de la Robine, et de Baudette de BRIGNOLES.

(3) Tolmely, not. à Hyères.

1578 (1) ; vivait encore, vers 1607, époque à laquelle paraît avoir
été rédigé par lui un cahier, qui se trouve aux archives du
château d'Esparron-de-Pallières, intitulé : *Livre des mémoyres
de tous les afferes que me sont arrivés despuys la mort de feu
mon père, que mourut en l'année 1571 et le 10ᵉ du moys de mars,
à Neulles, sepulté dans l'églize Sᵗ-Jehan-Bathiste ; est y metray
aussi tout ce que jy peu aprandre des afferes de ma maison prece-
dents la mort de mon dit feu père, est de son vivant, duquel je
n'ay trouvé aulcuns memoyres ny livre de raison.* Il avait ép., en
1ʳᵉˢ noces, suivant contrat du 23 déc. 1577 (2), Marguerite
Boniface (3), fille de f. Jacques, sgr de la Môle et de Marguerite
de Pontevès-Carcès ; et, en 2ᵉˢ noces, suivant contrat du 12 août
1596 (4), Alphonsine Foresta (5), fille de François, bar. de
Trets, et de Catherine Cabanes de Collongue ;

d'où : du 1ᵉʳ lit,

> Louise, dame de Néoules, ép., suiv. contrat du 27 mars
> 1602 (6), François Arcussia, fils de Charles, sgr d'Espar-
> ron-de-Pallières, et de Marguerite Forbin de Janson.

---

(1) Donodis [Dodon], not. à Hyères (insin. d'Hyères, 310).

(2) Berard, not. à Pignans *(ibid.,* 296).

(3) Reçut donation de ses sœurs Sibylle et Blanche Boniface, le 11 janv. 1589 (Galbert,
not. à Hyères, insin. d'Hyères, 660). Elle avait ép., en 1ʳᵉ noces, Claude Rodulf, sgr
de Limans.

(4) Biolles, not. à Boue (insin. d'Aix).

(5) Elle avait ép., en 1ʳᵉ noces, en 1589, Jean-Baptiste Russin, sgr de Rousset.

(6) Jean-Antoine Anglès, not. à Aix (insin. d'Aix, 190).

L'autre branche des BLANCARD, remonte, d'après Ruffi, à :

I. Rostan BLANCARD (1), qui ép. Marguerite SAVARRE (ou SAVASSE) ;

d'où : 1. Jean, dont l'article suit ;

    2. Catherine, ép. Bernard de CERIATE ;

    3. Urbaine, ép., en 1508, Antoine MARQUESY ;

    4. Luguine, ép., suiv. contrat du 7 janv. 1509 (2), Ogier de BOUQUIN, fils de Guillaume et de Marguerite N...

II. Jean BLANCARD, fit son test., en 1522, en faveur de son fils Raynaud. Il devait tenir à Marseille un rang distingué, car c'est dans sa maison, d'après Nostradamus (3), que le roi Henri II, alors duc d'Orléans, ép., en 1533, Catherine de MÉDICIS ;

d'où : 1. Raynaud ;

    2. Jean, dont l'article suit.

III. Jean BLANCARD, fit son test., le 31 mai 1552 (4), par lequel il institue pour héritiers ses fils François et Christophe. Il avait ép., suiv. contrat du 17 déc. 1502 (5), Marguerite PUGET (6) ;

d'où : 1. Christophe, dont l'article suit ;

    2. François, cohéritier de son père.

(1) C'est à lui aussi que remontent les Pr. de Malte de GUIRAN de la Brillane en 1677 et d'ARCUSSIA en 1709.

(2) Jean Gilly, not. à Marseille (Pr. de Malte de THORON d'Artignose en 1691).

(3) *Histoire et Chronique de Provence*, p. 715 et 1087.

(4) Gaspard Boyer, not..

(5) Claude Gautier, not. à Aix.

(6) Les Pr. de Malte de GUIRAN et d'ARCUSSIA, citées plus haut, disent cette Marguerite, fille d'Étienne, sgr du Puget. Cette filiation est impossible, Étienne PUGET, sgr de Tourtour, ne s'étant marié qu'en 1575. Nous n'avons pu vérifier le contrat du 17 déc. 1502.

IV. Christophe BLANCARD, né à Marseille, fut pourvu de l'office de conseiller au Parlement de Provence, qui avait été éréé en faveur de François GUÉRIN, par lettres données à Paris en mars 1571, et que celui-ci lui résigna ; il fut reçu le 29 janv, 1572, puis pourvu de l'office de 2ᵉ président aux Enquêtes, en suite de la démission de Boniface BERMOND, qui en avait été pourvu lors de l'érection de cet office ; mais comme François ESTIENNE de Sᵗ-Jean avait obtenu la charge de 1ᵉʳ président aux Enquêtes, Boniface BERMOND préféra demeurer simple conseiller plutôt que de se voir précéder par un membre de la Cour reçu après lui, et se démit de son office de président en faveur de Christophe de BLANCARD ; celui-ci, plus ancien aussi que François ESTIENNE, n'eut pas la même délicatesse et fut reçu le 8 avril 1579 ; il fit un 1ᵉʳ test., le 28 février 1589 (1), dans lequel il nomme ses père et mère et lègue à sa fille Polyxène ; résigna sa charge à son fils Pierre, en 1598, et obtint, par lettres données à Paris le 5 nov. 1599 (2), entrée au Parlement avec séance et voix délibérative ; il fit un 2ᵉ test., le 23 oct. 1600 (3), par lequel, après avoir nommé ses père et mère, il élit sa sépulture à Aix, en l'église de l'Observance, dans la chapelle de Sᵗ-Jérôme ou à Marseille, en l'église de Sᵗ-Martin, dans la chapelle où est la sépulture des BLANCARD, nomme sa femme Françoise RIQUETI, lègue à Henri, son fils puîné, à Madeleine et Polyxène, ses filles, institue pour héritier son fils Pierre, nomme pour exécuteurs

(1) Delascours, not. à Marseille.

(9) Vérifiées le 14 avril 1600.

(3) Guillaume Taxil, not. à Marseille (Lettres royaux, reg. 98, fᵒ 1057, extrait communiqué par le chanoine Albanès).

testamentaires, Ogier RIQUETI, son beau-frère, n. Ardoin de
GLANDEVÈS, sgr de Gréoux, et mourut en décembre de la même
année. Il avait ép. Françoise PEREL (1), fille de Jean, dit
RIQUETI, et de Marthe de BLANC ;

d'où : 1. Pierre, dont l'article suit ;

    2. Henri, eut un legs de 4.000 écus au test. de son père,
       du 23 oct. 1600 ;

    3. Madeleine, légataire de son père, religieuse à Ste-Claire,
       à Aix ;

    4. Polyxène, légataire de son père, ép., suiv. contrat du
       26 avril 1583 (1), Honoré GUIRAN, sgr de la Brillane,
       fils de f. Melchior, éc. de la ville d'Aix, et de Marthe
       BOMPAR.

V. Pierre BLANCARD, avocat, doct. ès-droits, pourvu de la
charge de président aux Enquêtes, en l'office et par suite de la
résignation de son père, suiv. lettres données à Commercy, le
24 mars 1596, fut reçu le 24 nov. 1598 avec dispense d'âge du
21 oct. 1600 (3) ; mourut à Aix et fut enseveli le 27 fév. 1601, aux
Observantins. Il avait ép., suiv. contrat du 1er août 1592 (4),
Claire CABRE (5), fille de Jean, sgr de St-Paul, et de f. Jeanne
ALBERTAS de Gemenos ;

d'où : Henri, prêtre de l'ordre de l'Oratoire, pourvu d'un office

(1) Cette famille, différente de celle des marquis de Mirabeau, portait, pourtant les mêmes
armes (v. Robert, II, 597).

(2) Blaise Brueys, not. à Aix (insin. d'Aix).

(3) Vérifiées le 9 janvier 1601.

(4) Delascours, not. à Marseille.

(5) Epousa, en 2es noces, Jean-Etienne THOMASSIN, fils de Jean-André, sgr d'Ainac, et
de Catherine ESTIENNE de St-Jean.

de président aux Enquêtes en suite de la résignation de
Jean-Baptiste FORBIN de la Roque et par lettres, données
à Paris, le 4 nov. 1623, reçu le 23 avril 1624 ; se démit,
en 1626, en faveur de son cousin Jean GUIRAN, et mourut
à Villemur-sur-Tarn (1), où il préchait le carême, en
mars 1631.

(Lachenaye, III, 320.— Robert, I, 398.— Ruffi, *Familles nobles de Marseille éteintes*, ms.).

(1) Diocèse de Montauban.

II.

REBIOL

I. Etienne REBIOL, not. à Hyères, est nommé avec son fils Jacques dans un acte du 3 août 1411 (1) ;

d'où : Jacques, dont l'article suit.

II. Jacques REBIOL, nommé audit acte comme fils d'Estienne ;

d'où, *probablement :* 1. Fouquet, dont l'article suit ;

    2. Antoine, était vic. général de l'Archevêque d'Aix le 27 avril 1448; protonotaire apostolique et prévôt du chapitre de Toulon, le 10 janv. 1469 ; fit, le 7 août 1480 (2), donation à Jean REBIOL, son neveu, et procuration à Jean THOMAS, fils d'Antoine.

III. Fouquet REBIOL, de la ville d'Hyères, mourut avant le 7 août 1480 (2). Il avait ép., Silette (3) *(alias* Alayone) (4) LANTELME (5), de Marseille ;

d'où : 1. Pierre, était précenteur à la cathédrale de Toulon, le 10 janv. 1469 ; fit donation, le 7 août 1480 (2), à sa sœur Isabelle et à son frère Jean, étudiant, et mourut avant le 4 juin 1502 (6) ;

    2. Jean, dont l'article suit ;

    3. Isabelle, fit son test., le 10 mai 1511 (7), par lequel elle

(1) Michel Dragon, not. à Hyères (Arch. du Var, E. 526, f° 42).

(2) Pierre Fournier, not. à Toulon (Arch. du Var, E. 606).

(3) Ainsi nommée à la donation du 7 août 1480.

(4) Ainsi nommée au test. de sa fille Isabelle.

(5) Mourut avant le 7 août 1480.

(6) Test. de son frère Jean.

(7) Gauteri, not. à Aix.

lègue à son frère Jean et institue pour héritier les FF.
Prêcheurs. Elle avait ép., avant le 3 avril 1479, Antoine
THOMAS (1), fils légitimé de Jacques.

IV. Jean REBIOL, étudiant, le 7 août 1480 (2), puis licencié ès-
droits ; fit son test., le 4 juin 1502, dans lequel il nomme sa
femme et ses enfants. Il avait ép. Douce THOMAS, fille de Jean et
d'Antoinette JULIANIS ;
d'où : 1. Jean ;

    2. Bérenger ;

    3. Pierre, dont l'article suit ;

    4. Delphine.

V. Pierre REBIOL, ép. Isabeau (alias Antoinette) THOMAS,
fille d'Antoine, sgr de Néoules, et de Marguerite de BRIGNOLES ;
d'où, probab. : Catherine (3), dame en partie de Néoules, héri-
    tière de son père, fit transaction par l'intermé-
    diaire de son parent Barthélemy ARTIGUES, esgr
    de la Garde, avec François BLANCARD, autre
    esgr de Néoules, et lui céda en payement la
    partie qu'elle possédait du château de Néoules.
    Elle avait ép. François EMENJAUD, fils de Nicolas,
    esgr de Riez, et de Françoise de BACHIS, sa
    2e femme.

(1) Veuf de Catherine GARNIER.

(2) Pierre Fournier, not. à Toulon (Arch. du Var, E. 606).

(3) Suivant une note non authentique, cette Catherine serait fille de *Jean* et non de
Pierre.

ADDITIONS & CORRECTIONS

Page 2, note 14, *ajoutez :* Ce nom de lieu a été et est encore orthographié de diverses manières, et nous l'avons employé nous-même sous diverses formes. Aujourd'hui l'orthographe la plus usitée paraît être VALDARDENNES. Pourtant les cartes officielles portent en général seulement DARDENNES.

P. 4, note 1, vers 1720, *ajoutez :* En réalité, le chef de la famille à cette époque était Charles-Joseph-Paul THOMAS de Ste-Marguerite, qui épousa Anne-Aymarre BOYER d'Eguilles. Ses enfants moururent avant lui en bas âge, et, quand il mourut lui-même en 1767, le dernier THOMAS, mis de la Garde, était mort, et c'est la branche de la Valette qui devint l'aînée.

P. 6, l. 8. Alphonse, *mettez en note :* La translation de 1353 est basée sur un acte faux du 6 mars 1354. Ce St Alphonse est un saint imaginaire (indication du chanoine Albanès).

P. 9, l. 9. *A la fin de la ligne, supprimez :* II.

l. 13. *après,* a. Antonnet, *mettez :*

b. Honoradet ;

c. Catherine.....

P. 10, l. 8. ROBIOL, *lisez :* REBIOL.

l. 12. ...prieur de Montrieux, *ajoutez en note :* Si cette qualification est exacte, Gilibert devait être chartreux.

P. 11, l. 17. ROBIOL, *lisez :* REBIOL.

P. 12, l. 2. ROBIOL, *lisez :* REBIOL.

P. 13, l. 13. intestat, *ajoutez :* avant le 6 mars 1546 (testament de son frère Pierre THOMAS).

P. 14, l. 10. Gaspard, père de, *lisez :* Gaspard, mourut avant le 6 mars 1546 (testam. de son oncle Pierre THOMAS), et fut père de :

l. 14. ROBIOL, *lisez :* REBIOL.

note 5. ROBIOL, primicier, *lisez :* REBIOL, précenteur.

P. 15, note 3. Jean VI, un de ses successeurs, l'aurait échangée, en 1443, *lisez :* Jean HUET, un de ses successeurs, l'échangea le 28 sept. 1473 (indication du chanoine Albanès).

P. 17, l. 3. *après* 1. Gaspard, dont l'article suit, *mettez :*

2. Balthasar, chan. de Pignans, légataire au test. de son frère Gaspard, du 1er août 1536, paraît être mort avant le 6 mars 1546, date du test. de son père Pierre, où il n'est pas nommé ;

3. Jacques...

4. Barthélemy...

5. Honoré...

6. Antoine, chan. à Toulon, arrenta sa prébende d'Evenos, les 3 mai 1529 et 9 janv. 1535 ; légataire au test. de son père du 6 mars 1546 ; passa accord...

7. Louise ;

8. Isabeau...

9. Marguerite...

10. Blanche...

note 1. ROBIOL, *lisez :* REBIOL.

P. 18, l. 11. MARIN, *ajoutez :* fit son test., le 1er août 1546 (Jean Cabasson, not. à Toulon), où il se dit émancipé et dans lequel il nomme son père, sa mère, ses frères (Balthasar, chan. de Pignans, Jacques, Barthélemy, Honoré), ses sœurs (Louise, Isabeau, Marguerite, Blanche), et fait héritiers ses enfants, à naître (note du chanoine Albanès).

P. 19, note 4, l. 18, *mettez un point entre* ULMET *et* Bertrand.

P. 21, l. 4. GLANDEVÈS, *mettez en note :* mourut avant le 6 mars 1546 (test. de son beau-père Pierre THOMAS).

l. 7. SEYTRES, *mettez en note :* v⁰ de Louis ROUX (ou RODULPH), sgr de Châteauneuf-le-Rouge.

l. 17. Valette, *ajoutez :* obtint, le 7 déc. 1560 (Pavès, not. à Toulon. Arch. du Var, E. 760, f⁰ 691), dimissoire pour recevoir la tonsure ; chan. à Toulon ; fut installé prévôt du chapitre, le 23 fév. 1564 ;

P. 22. *En tête de la page, mettez :*

5. Honorat, prévôt de Toulon, suiv. bulles du pape Grégoire XIII, du 2 avril 1595, en remplacement de son frère Pierre .. ;

6. Antoine... ;

7. Françoise... ;

8. Madeleine...

note 5. VINCENT, *lisez :* VINCENS.

P. 24, *dernière ligne.* VINCENT, *lisez :* VINCENS.

P. 25, note 1, l. 3, 4, 5. VINCENT, *lisez :* VINCENS.

P. 26, note 1. *Supprimez cette note et mettez à la place :*
Carqueirane, anciennement Calcairane, qu'on écrit aussi Car-queiranne, Carqueyranne et Carquéranne, autrefois situé dans la commune d'Hyères, aujourd'hui commune, a peut-être eu des seigneurs de ce nom, car on trouve Guillaume de CARCARANA et son fils Pierre, dans l'acte de 1217, par lequel Raymond-Geoffroy de Fos céda à la ville de Marseille une portion d'Hyères et Bregançon. Mais, en tous cas, cette famille dut s'éteindre bientôt, puisque dès 1458, la seigneurie de Carqueirane était dans le domaine du cᵗᵉ de Provence. Le roi René l'inféoda cette année

1458, et renouvela cette inféodation en 1474, à Jean-Baptiste
MORANO (1), de la ville d'Arles, sous l'obligation de payer
annuellement deux mesures d'huile au couvent des FF. Prêcheurs
de St-Maximin (Arch. B.-du-Rhône, B. 16, *Paco*, 226).

Carqueirane dut bientôt rentrer dans le domaine comtal, et l'on
trouve, en 1559, la commune d'Hyères en possession d'une partie
de cette sgrie qu'elle garda jusqu'en 1789.

D'un autre côté, la famille PARIS (*alias* PARISSON), donnait déjà
en 1450 et encore en 1534, des portions de cette terre à nouveau bail.
Balthasar PARISSON eut une fille Rosanne, qui porta une portion
de ses droits sur Carqueirane à François-Charles de VINTIMILLE,
son époux, dont la terre du Luc fut érigée en marquisat en 1688.

Vers ce même temps, François de BEDARRIDES prêtait hommage pour Carqueirane le 3 juin 1642 (Arch. des B.-du-Rhône,
B. 793, f° 224), et Honoré RIPERT en 1666.

Pierre THOMAS, sgr de Beaulieu, dont la mère, Lucrèce SIGNIER,
avait eu pour parâtre Balthasar PARISSON, prêta aussi hommage
pour Carqueiranne en 1666. Son fils Louis étant mort sans
alliance, Marguerite THOMAS, sœur de ce dernier, porta cette
portion de Carqueirane à son époux, Joseph SAQUY des Tourrets,
dont le fils, Joseph-Marie, la vendit le 30 juin 1738 (Chauvet, not.
à Toulon), à Henri THOMAS, m¹⁸ de la Garde.

(1) On a voulu traduire MORANO en MEYRAN, et, comme cette dernière famille est aussi
de la ville d'Arles, lorsque le Roi consentit, en 1709, à ériger en marquisat la terre de
Lagoy, on fit insérer dans les lettres d'érection cette donation de 1474 comme faite à un
ancêtre des MEYRAN. De même, profitant de ce qu'un LA CEPPA avait été ambassadeur en
Orient, et que, par suite d'une alliance, la famille MEYRAN avait ajouté ce nom au sien et
s'appelait MEYRAN-LA-CEPPA, on attribua encore dans ces lettres ce titre d'ambassadeur à un
autre MEYRAN qui n'avait jamais rempli ces fonctions.

Joseph-Charles Mark-Tripoli de Panisse-Passis, héritier de
ce dernier, vendit Carqueirane, le 31 mai 1745 (d'Astros, not. à
Aix), au prix de 24.000 l., à Jacques Colle, capit. des garde-
côtes, qui, par son testament du 18 mars 1778 (d'Astros, not. à
Aix), en légua l'usufruit à sa veuve, Thérèse-Françoise-Marie
Berluc de Perussis, et la nue-propriété à leur fille Pauline,
épouse de Charles-Henry de l'Espine du Planty, contrôleur des
vivres à Toulon. Cette dernière vendit Carqueirane, le 5 août
1816, au prix de 130.000 fr., à Grégoire Rousse.

Cette terre appartient aujourd'hui au doct. Richet (renseignements dus à l'obligeance de M. Berluc de Perussis).

P. 26, note 8, Brueilh, *lisez :* Brueil.

P. 45, l. 5. suiv. contrat, *lisez :* selon contrat.

P. 46, l. 2. et encore avec, *lisez :* et encore pour ces mêmes
terres, avec....

l. 15. démissionna en 1727, *lisez :* résigna sa charge de
conseiller en 1727.

P. 59, note 3. Marie Thomas de Genat, *peut-être faudrait-il :*
Marie Thomas de Janet (ou Jannet).

note 8. Aimarré Boyer, épouse de Joseph-Paul Thomas,
bar. de la Garde, *lisez :* (Anne)-Aimarre Boyer (d'Eguilles),
épouse de (Charles)-Joseph-Paul Thomas, bar. de (Ste-Marguerite et de) la Garde.

P. 61, l. 5. de la Valette, *lisez :* de la Valette.

l. 19. la Garde, *ajoutez :* il fut aussi héritier des biens
de son parent, Jean-Baptiste-François Thomas, sgr de Châteauneuf et Pierrefeu, dont la veuve était usufruitière.

l. 21. en 1798, *lisez :* en 1789.

9

P. 62, l. 19. Jean-Pierre de FÉLIX, m¹ˢ de l'Église, *lisez* : Marie-Pierre de l'ÉGLISE de FÉLIX *(sic* au décès de sa femme).

P. 64, note 11. Melchior CLAPIER *lisez* : Melchior CLAPIERS de Pierrefeu.

P. 65, note 8. Isabeau POIRON, *ajoutez* : (ou PAYRON).

P. 69, l. 13. Pierrefeu, *ajoutez* : laissa l'usufruit de ses biens à sa femme et institua pour héritier son parent François-Louis-Clair THOMAS, sgr de la Valette.

P. 74, l. 6. Lucrèce, *lisez* : Marguerite-Lucrèce.

P. 77, *avant-dernière ligne*, Onuphre, *lisez* : Arnulphe.

P. 78, l. 4, *ajoutez* : mourut à Manosque (Sᵗ-Sauveur), le 8 fév. 1772, et fut ensevelie le lendemain en la paroisse Sᵗ-Sauveur. Elle avait ép., à Manosque (Sᵗ-Sauveur), le 22 fév. 1762 (témoins : Jean-Joseph de COLLONGUE, sgr du Castellar...), Pierre-Jean-Henri BURLE de Champclos, enseigne des vaisseaux du Roi, fils de Jean et de Madeleine-Rose GOMBERT de Sᵗ-Geniès.

P. 79, l. 5. sgr de Milhaud, le Revest, l'Escaillon, csgr de Sᵗ-Martin, *lisez* : sgr de Milhaud, l'Escaillon, csgr du Revest, Sᵗ-Martin.

P. 80, l. 7. Menerbe, *lisez* : Menerbes.

l. 11. Henri (ou Honoré), prévôt de l'église de Toulon, *lisez* : 1. Honoré, né vers 1548 ; tonsuré à Toulon, le 21 sept. 1555, par Barthélemy PORTALENQUI, év. de Troie. Le 17 avril 1560, Étienne d'ALBIS passa procuration pour remettre sa prévôté de Toulon audit Honoré, âgé de 12 ans. Mais il ne paraît pas que cette remise ait eu lieu, car, le 3 août suivant, Honoré, étudiant en droit à Paris sous la direction de Chrétien CHARTIER, fit procuration à son père et ne se dit pas prévôt ;

2. Pierre, tonsuré à Toulon avec son frère, le 21 sept. 1555, par Barthélemy PORTALENQUI, év. de Troie.

note 3. Monravit, *lisez :* Mouravit.

P. 82, note 1. Degadret, *lisez :* Degradet.

P. 85, l. 9. vers 1640, *lisez :* avant le 17 juin 1636 (sentence du lieut. gén. en la Sénéchaussée de Forcalquier, contre Pierre RIPERT, sr de la Verrière, tuteur des enfants de f. Bernard THOMAS, sgr de Gignac, son beau-frère, en faveur de Honoré THOMAS, sgr de Milhaud, frère dudit Bernard).

P. 88, l. 18. Anne-Marguerite, ép. Jean, *lisez :* Anne-Marguerite ép., le 14 juil. 1707, Jean-Joseph RENAUD de Fonsbelle, fils de Louis et de Marguerite SILVESTRE de St-Savournin.

note 2. SIMIANE-Moncha, mis, *lisez :* SIMIANE de Moncha, marquise.

P. 89, l. 11. *N...*, chanoine..., *lisez :* Louis-Alexis, né à Apt, le 19 juin 1744, bapt. le surlendemain, pourvu d'une place de chanoine cte de St-Victor à Marseille, suiv. preuves terminées le 5 juil. 1760.

note 2. RENAUD de Fontbelle, *lisez :* RENAUD de Fonsbelle.

P. 90, l. 3. il fut même nommé protonotaire apostolique et cte Palatin et obtint, *lisez :* fit supplique, le 17 juin 1559, pour être créé protonotaire, acolyte et chapelain du Pape et cte Palatin, ce qui lui fut accordé par le cardinal Antoine TRIVULCE, légat à Paris, et obtint...

P. 91, *dernière ligne.* mars 1632, *ajoutez :* fit enregistrer cette même année au Parlement et à la Cour des Comptes, l'acte précité (p. 4), très évidemment faux, de 1096, mentionnant Charles THOMAS, *ductor exercitus* (indication du chanoine Albanès).

P. 94, l. 1. suiv. contrat, *lisez* : selon contrat.

P. 96, note 3 (Mus, not. à Draguignan). Il paraîtrait, *lisez* : (Mus, not. à Draguignan), il paraîtrait.

P. 97, l. 11. leur oncle, *ajoutez* : mourut à Pierrefeu et y fut enseveli, le 14 oct. 1694, en l'église paroissiale.

P. 98, l. 1. Joseph, sgr de Beauvais, aide-major, *lisez* : Joseph, sgr de Valdardenne et de Beauvais, héritier de sa mère, aide-major.

P. 102. 6. Joseph, *supprimez* l'article de ce Joseph (qui était fils de Gaspard THOMAS et de Geneviève de BEAUSSIER — voir ci-dessus, p. 98), *et diminuez d'une unité les n°ˢ d'ordre des enfants suivants de Louis THOMAS, sgr de Pierrefeu.*

P. 104, l. 9. Il avait ép., *ajoutez* : à Aix (Sᵗᵉ-Madeleine), le 8 déc. 1733.

P. 106, l. 17. CLAPIERS, frères, *mettez en note :* fils de Bermond, déjà qualifié sgr de Pierrefeu, et dont l'aïeul, Jean CLAPIERS, fit un legs de 500 fl., en 1330, à son écuyer Pierre de PIERREFEU.

On trouve aussi, vers ce même temps, que Béatrix de PIERREFEU ép., en 1ʳᵉˢ noces, Pons d'ALUIS (ou DALUIS), mort avant 1400, fils d'*autre* Pons, sgr dudit lieu et de Saulces ; et, en 2ᵉˢ noces, Jean TIGI, sgr de la Bastide d'Esclapon.

P. 107, l. 4. 1571, *lisez* : 1517.

l. 11. doct. ès-droits, *ajoutez* : Jean MANE ép., suiv. contrat du 18 sept 1526 (Aubin, not. à Bargemon), Honorade de VILLENEUVE, fille de Honoré, sgr de Vauclause, csgr de Bargemon. Tém., Jean-Louis ELZEAR, *jurisperitus*, à Draguignan (Bibl. de Carpentras, ms. Peiresc, LXV, 88, communiqué par M. Mireur).

P. 111, l. 18. *ajoutez* : Aymar (ou François) de Pierrefeu, ép.

Angélique de CASTELLANE, sœur de Honoré, sgr de Montmeyan (qui était tuteur de son neveu François de PIERREFEU, en 1561 — Athenoux, not. à Barjols, archives du Var, E. 994), et de Anne, femme de Jean-Gaspard LUQUIN, sgr de Lambruisse.

P. 112, l. 2. Angélique, qui épousa, *lisez :* Angélique passa acte d'investiture le 1er fév. 1608 (Pierre Chabert, not. à Toulon), en faveur d'Honoré ROUGIER, not. à Cuers. Elle avait épousé...

l. 18. *Marquis de Pierrefeu, ajoutez à la ligne :*

D'après le mémoire instructif (p. 8), cité précédemment (p. 110), une somme de 2.503¹ 10ˢ ayant dû être distribuée, en 1741, entre les esgrs de Pierrefeu proportionnellement au nombre de jours de leur juridiction, il fut attribué au sʳ DEDONS 1.358¹ 10ˢ, au sʳ THOMAS 1001¹, au sʳ VÉRIGNON 146¹, et au sʳ DEYDIER 17¹ 10ˢ.

TABLE ALPHABÉTIQUE

DES NOMS DE PERSONNES & DES NOMS DE LIEUX [1]

A

---

[1] Ces derniers sont imprimés en caractères italiques.

www.ingramcontent.com/pod-product-compliance
Lightning Source LLC
Chambersburg PA
CBHW070757290326
41931CB00011BA/2050